慢慢 만만한 중국어 1

慢慢 만만한 중국어 1

한양대학교 중국어교재개발팀 편

사곰

머리말

단거리 달리기와 마라톤의 스타트 모습은 확연히 다르다. 출발부터 팔을 힘껏 내저으며 전력으로 질주하는 것이 단거리 선수의 모습이라면, 마라톤 선수는 처음에 천천히 달린다. 긴 레이스를 위해 체력을 유지해야 하기 때문이다. 마라톤 코스를 완주해보지 못한 아마추어라면 더욱더 신중하게 처음을 시작할 것이다.

중국어를 배우는 것은 마라톤 경주와 같다. 처음부터 의욕이 앞서 빠르게 내달리면 중간에 흥미를 잃고 포기하기 십상이다. 포기하면 다시 시작하기는 더욱 어렵다. 수많은 사람들이 중국어 학습을 중도에 포기하는데 이는 처음부터 너무 힘을 주었기 때문이다. 따라서 중국어를 처음 시작하는 사람에게는 중국어가 중요하니 꼭 배워야 한다는 말보다 힘을 빼고 즐기며 천천히 가라는 조언이 더욱 필요하다.

본 교재의 제목인 '만만慢慢한 중국어'에는 학습 목표가 담겨 있다. 우선 중국어 학습을 만만하게 보자는 뜻이 있다. 중국어는 다른 언어에 비해 배우기가 수월하다. 발음이 어렵지 않고, 성조도 일정 기간 숙달하면 재미있고 흥미롭다. 어렵다고 여기면 한없이 어렵다. 그러니 만만하게 보고 부담없이 시작하자는 것이다. 따라서 교재의 내용은 초급자들이 익혀야 할 가장 기본적인 표현 위주로 구성했다.

또한 '만만慢慢'에는 중국어로 '천천히'라는 의미가 있다. 의욕이 앞서 성급한 사람들에게 중국인들은 '만말라이慢慢儿来', 즉 '천천히 하세요'라고 말하고는 한다. 긴 호흡으로 조금씩 밟아가는 중국인들의 성격을 말해준다.

중국어에는 중국인들의 문화가 담겨 있다. 중국어를 배울 때는 중국인의 정서로 접근하는 코드 전환이 필요하다. 교재에는 많은 내용을 담기보다 천천히 갈 수 있는 꼭 필요한 표현들을 선별했다.

본 교재의 지향점은 두 가지다. 학습을 통해 중국어를 재미있고 흥미롭게 여기는 것과 더 공부하고 싶다는 생각이 들게 하는 것이다. 그렇게 된다면 긴 여정이 두렵거나 걱정되지 않을 것이다. 본 교재를 통해 중국어를 배우는 학생들이 흥미를 가지고 즐겁게 배우면서 자기도 모르는 사이에 마라톤 골인 지점에 도착해 있기를 바란다.

집필진을 대표하여

고광민 씀

차례

등장인물

金智诚　Jīn Zhìchéng

한국 남자 대학생　21세

李英姬　Lǐ Yīngjī

한국 여자 대학생　21세

王老师　Wáng Lǎoshī

중국어 선생님　35세

들어가기

중국어의 기본 지식

1. 간체자와 번체자

: 현재 중국에서는 전통적인 한자(번체자繁体字)를 간략하게 고친 간체자(简体字)를 사용하고 있다. 하지만 홍콩과 대만 등은 여전히 기존의 한자인 번체자(繁體字)를 사용한다.

번체자	中國	漢語
간체자	中国	汉语

2. 중국어 발음 기호(한어병음 방안)

: 뜻 글자(表意文字)인 한자로는 발음을 표기할 수 없기 때문에 로마자로 발음을 표기하는데, 이를 한어병음 방안이라고 한다.

中国	Zhōngguó
汉语	Hànyǔ

3. 성조

: 중국어에는 4개의 성조가 있다.

제1성	높고 평탄하게 내는 소리	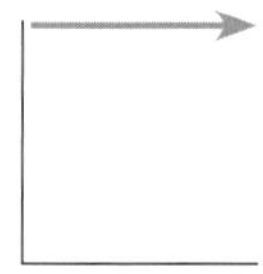
제2성	중간음에서 높은 음으로 올라가는 소리	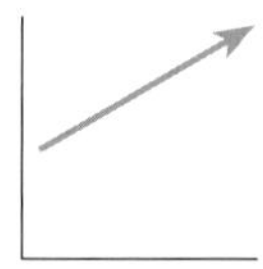
제3성	중간에서 저음으로 하강하다 다시 상승하는 소리	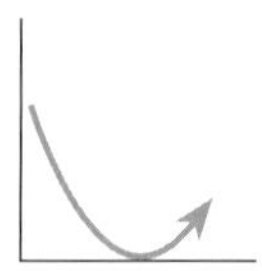
제4성	고음에서 저음으로 하강하는 소리	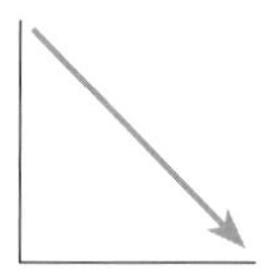

: 4개의 성조 이외에 경성이 있다. 경성은 원래의 성조를 잃고 짧고 가볍게 발음되는 것을 말한다.

māma, yéye, nǎinai, bàba

: 동일한 발음이라도 성조가 달라지면 뜻이 달라진다.

제1성	mā	妈	엄마
제2성	má	麻	삼
제3성	mǎ	马	말
제4성	mà	骂	욕하다
경성(輕聲)	ma	吗	~까(의문사)

: 단어의 성조표시는 모음 위에 하고, 모음이 여러 개 있을 경우는 모음을 발음하는 입의 크기 순(a > e > o > i, u)으로 한다. 단 iu나 ui의 경우는 diū나 duì 처럼 뒤에 오는 모음 위에 성조표시를 한다.

4. 발음

4.1 성모 聲母

첫 음절에 오는 자음을 말하며, 모두 21개가 있다.

양순음 兩脣音	b p m	양 입술을 붙였다 떼면서 소리낸다
순치음 脣齒音	f	윗니를 아랫입술에 대었다 떼면서 소리낸다
치조음 舌尖中音	d t n l	혀끝을 윗잇몸 뒷면에 대었다가 떼면서 소리낸다
연구개음 舌根音	g k h	혀뿌리로 목구멍을 막았다 떼면서 소리낸다
경구개음 舌面音	j q x	혀 앞부분을 입천장 앞쪽에 살짝 대었다가 떼면서 소리낸다
교설음 捲舌音/ 舌尖後音	zh ch sh r	혀 끝을 입천장에 닿을 듯 가까이 대고 그 사이로 공기를 내보내 소리낸다
치음 舌尖前音	z c s	혀끝을 윗니 뒤쪽에 붙였다 떼면서 소리낸다

4.2 운모 韻母

성모를 제외한 나머지 부분으로 모두 36개가 있다.

	i	u	ü
a	ia (ya)	ua (wa)	
o		uo (wo)	
e	ie (ye)		üe (yue)
ai		uai (wai)	
ei		uei (wei)	
ao	iao (yao)		
ou	iou (you)		
an	ian (yan)	uan (wan)	üan (yuan)
en	in (yin)	uen (wen)	ün (yun)
ang	iang (yang)	uang (wang)	
eng	ing (ying)	ueng (weng)	
ong	iong (yong)		
er			

[주의]

1. 성모 없이 운모만 사용할 때는 괄호안의 한어병음으로 표기한다.
2. 'i', 'u', 'ü'를 단독으로 사용할 때는 각각 'yi', 'wu', 'yu'로 표기한다.
3. 'ü' 앞에 j, q, x가 오면 'ü'를 'u'로 표기한다. (예: ju, qu, xu, jue, que, xue)
4. iou, uei, uen 앞에 성모가 있을 때는 가운데 운모를 생략하고 각각 iu, ui, un으로 표기한다. (예: diu, dui, zhun)
5. a, o, e로 시작하는 음절이 다른 음절 뒤에 바로 연결될 때, 음절을 정확하게 구분하기 위해 격음부호(')를 사용한다. (예: kě'ài, míng'é)

5. 음절표

	a	o	e	-i	er	ai	ei	ao	ou	an	en	ang	eng	ong	i	ia	iao	ie
	a	o	e		er	ai	ei	ao	ou	an	en	ang	eng		yi	ya	yao	ye
b	ba	bo				bai	bei	bao		ban	ben	bang	beng		bi		biao	bie
p	pa	po				pai	pei	pao	pou	pan	pen	pang	peng		pi		piao	pie
m	ma	mo	me			mai	mei	mao	mou	man	men	mang	meng		mi		miao	mie
f	fa	fo					fei		fou	fan	fen	fang	feng					
d	da		de			dai	dei	dao	dou	dan	den	dang	deng	dong	di		diao	die
t	ta		te			tai		tao	tou	tan		tang	teng	tong	ti		tiao	tie
n	na		ne			nai	nei	nao	nou	nan	nen	nang	neng	nong	ni		niao	nie
l	la		le			lai	lei	lao	lou	lan		lang	leng	long	li	lia	liao	lie
z	za		ze	zi		zai	zei	zao	zou	zan	zen	zang	zeng	zong				
c	ca		ce	ci		cai		cao	cou	can	cen	cang	ceng	cong				
s	sa		se	si		sai		sao	sou	san	sen	sang	seng	song				
zh	zha		zhe	zhi		zhai	zhei	zhao	zhou	zhan	zhen	zhang	zheng	zhong				
ch	cha		che	chi		chai		chao	chou	chan	chen	chang	cheng	chong				
sh	sha		she	shi		shai	shei	shao	shou	shan	shen	shang	sheng					
r			re	ri				rao	rou	ran	ren	rang	reng	rong				
j															ji	jia	jiao	jie
q															qi	qia	qiao	qie
x															xi	xia	xiao	xie
g	ga		ge			gai	gei	gao	gou	gan	gen	gang	geng	gong				
k	ka		ke			kai	kei	kao	kou	kan	ken	kang	keng	kong				
h	ha		he			hai	hei	hao	hou	han	hen	hang	heng	hong				

	iou	ian	in	iang	ing	iong	u	ua	uo	uai	uei	uan	uen	uang	ueng	ü	üe	üan	ün
	you	yan	yin	yang	ying	yong	wu	wa	wo	wai	wei	wan	wen	wang	weng	yu	yue	yuan	yun
b		bian	bin		bing		bu												
p		pian	pin		ping		pu												
m	miu	mian	min		ming		mu												
f							fu												
d	diu	dian			ding		du		duo		dui	duan	dun						
t		tian			ting		tu		tuo		tui	tuan	tun						
n	niu	nian	nin	niang	ning		nu		nuo			nuan				nü	nüe		
l	liu	lian	lin	liang	ling		lu		luo			luan	lun			lü	lüe		
z							zu		zuo		zui	zuan	zun						
c							cu		cuo		cui	cuan	cun						
s							su		suo		sui	suan	sun						
zh							zhu	zhua	zhuo	zhuai	zhui	zhuan	zhun	zhuang					
ch							chu	chua	chuo	chuai	chui	chuan	chun	chuang					
sh							shu	shua	shuo	shuai	shui	shuan	shun	shuang					
r							ru	rua	ruo		rui	ruan	run						
j	jiu	jian	jin	jiang	jing	jiong										ju	jue	juan	jun
q	qiu	qian	qin	qiang	qing	qiong										qu	que	quan	qun
x	xiu	xian	xin	xiang	xing	xiong										xu	xue	xuan	xun
g							gu	gua	guo	guai	gui	guan	gun	guang					
k							ku	kua	kuo	kuai	kui	kuan	kun	kuang					
h							hu	hua	huo	huai	hui	huan	hun	huang					

6. 성조, 발음 연습

6.1 제1성 + 기타 성조

1성 + 1성	fēijī
1성 + 2성	chūnjié
1성 + 3성	gāngbǐ
1성 + 4성	shēngdiào
1성 + 경성	bōli

6.2 제2성 + 기타 성조

2성 + 1성	guójiā
2성 + 2성	yínháng
2성 + 3성	niúnǎi
2성 + 4성	xuéxiào
2성 + 경성	péngyou

6.3 제3성 + 기타 성조

3성 + 1성	běijīng
3성 + 2성	zǔguó
3성 + 3성	xǐzǎo
3성 + 4성	qǐngwèn
3성 + 경성	zǎoshang

6.4 제4성 + 기타 성조

4성 + 1성	miànbāo
4성 + 2성	wèntí
4성 + 3성	xiàyǔ
4성 + 4성	zàijiàn
4성 + 경성	màozi

第一课

你好

Nǐ hǎo

课文

1.

王老师 : 你好。
Nǐ hǎo.

金智诚 : 老师, 您好。
Lǎoshī, nín hǎo.

王老师 : 再见!
Zàijiàn!

金智诚 : 明天见!
Míngtiān jiàn!

2.

金智诚： 英姬, 你身体好吗?
Yīngjī, Nǐ shēntǐ hǎo ma?

李英姬： 我很好, 你呢?
Wǒ hěn hǎo, nǐ ne?

金智诚： 我也很好, 谢谢。
Wǒ yě hěn hǎo, xièxie.

李英姬： 不客气。
Búkèqi.

生词

你	nǐ	【대】	너, 당신
好	hǎo	【형】	좋다, 안녕하다
老师	lǎoshī	【명】	선생님
您	nín	【대】	你의 존칭
再见	zàijiàn	【동】	(작별 인사) 안녕
明天	míngtiān	【명】	내일
身体	shēntǐ	【명】	몸
我	wǒ	【대】	나
吗	ma	【조】	의문조사
很	hěn	【부】	매우
呢	ne	【조】	의문조사
也	yě	【부】	또한, 역시
谢谢	xièxie	【동】	감사합니다
不客气	búkèqi	【동】	천만에요, 별말씀을

说明

1. 인칭대명사

	1인칭	2인칭	3인칭
단수	我 wǒ	你 nǐ 您 nín	他 tā 她 tā 它 tā
복수	我们 wǒmen	你们 nǐmen 您们 (×)	他们 tāmen 她们 tāmen 它们 tāmen

2. 간단한 인사 표현

你好	nǐ hǎo	안녕
再见	zàijiàn	잘 가
谢谢	xièxie	감사합니다
不客气	búkèqi	뭘요, 천만에요
对不起	duìbuqǐ	미안해요
没关系	méiguānxi	괜찮아요

3. 의문문 吗

: 평서문 뒤에 吗를 붙이면 의문문이 된다.

你身体好吗? 당신의 건강은 어떤가요?
Nǐ shēntǐ hǎo ma?

他好吗? 그는 잘 있나요?
Tā hǎo ma?

4. 你呢?

: 呢는 의문조사로 같은 질문을 되물을 때 사용한다.

你妈妈好吗? 너희 엄마 안녕하시니?
Nǐ māma hǎo ma?

她很好。你呢? 아주 좋으세요. 당신은요?
Tā hěn hǎo. Nǐ ne?

我是学生, 你呢? 저는 학생입니다. 당신은요?
Wǒ shì xuésheng, nǐ ne?

我也是学生。 저도 학생입니다.
Wǒ yě shì xuésheng.

练习

1. 성조 연습

身	**shēn**	shén	shěn	shèn
明	mīng	**míng**	mǐng	mìng
也	yē	yé	**yě**	yè
谢	xiē	xié	xiě	**xiè**

2. 성조 결합 연습

1성+3성	身体 shēntǐ	恭喜 gōngxǐ	黑板 hēibǎn
3성+1성	老师 lǎoshī	北京 Běijīng	火车 huǒchē
3성+3성	你好 nǐ hǎo	水果 shuǐguǒ	老板 lǎobǎn
4성+4성	再见 zàijiàn	现在 xiànzài	上课 shàngkè

3. 치환 연습

[ ] 好。	你	你们	老师	大家
[ ] 很好。	我	我们	妈妈	爸爸

4. 주어진 단어를 다음과 같이 고치시오.

[예] 我 → 我们

你 →

您 →

他 →

她 →

它 →

5. 다음 표현을 한어병음으로 쓰시오.

a) 선생님 안녕하세요?

b) 내일 보자.

c) 너 건강이 괜찮니?

d) 나도 아주 좋아.

한자 쓰기

你 nǐ					
您 nín					
老 lǎo					
师 shī					
很 hěn					
身 shēn					
体 tǐ					
好 hǎo					
吗 ma					
谢 xiè					

客 kè					
气 qì					
再 zài					
见 jiàn					
明 míng					
天 tiān					
我 wǒ					
呢 ne					
也 yě					

쉬어 가기 전 세계 중국어 사용 인구

중국의 공식적인 인구는 13억이지만 세계 각지의 화교(華僑)까지 포함하면 그 인구는 훨씬 많아진다. 현재 중국어는 전 세계적으로 가장 많은 인구가 사용하는 국제 언어다. 이제 중국어만 할 줄 알면 지구상의 절반에 가까운 사람들과 소통할 수 있다. 최근 중국어를 배우려는 외국인 인구가 1억 명을 돌파했다는 기사가 보도되었는데, 이는 중국이 경제대국으로 성장하고 있고, 이와 더불어 중국어 학습에 대한 관심이 상승하고 있음을 보여준다.

중국은 한반도보다 43배나 넓고 각 지역의 방언 차이가 매우 심하여 베이징 사람들은 상하이나 홍콩 방언을 알아들을 수 없다. 중국에는 크게 일곱 가지 방언이 있다. 중국인의 약 70퍼센트는 표준 중국어인 보통화(普通話)를 사용하고 있고, 나머지 30퍼센트는 각기 다른 방언을 사용하고 있다. 하지만 방언 사용 지역의 사람들도 정규 의무교육을 받기 때문에 보통화를 구사할 수 있다. 보통화는 한족漢族이 사용하기 때문에 한어漢語라고 하는데, 우리는 이 한어漢語만 배우면 중국의 거의 모든 사람들과 의사소통을 할 수 있다.

第二课

你是中国人吗?

Nǐ shì Zhōngguórén ma?

课文 1.

王老师 : 你是中国人吗?
Nǐ shì Zhōngguórén ma?

李英姬 : 我不是中国人,
Wǒ búshì Zhōngguórén,

我是韩国人。
wǒ shì Hánguórén.

王老师 : 我爸爸也是韩国人。
Wǒ bàba yě shì Hánguórén.

李英姬 : 是吗?
Shì ma?

2.

王老师： 您是哪国人?
Nín shì nǎ guórén?

彼　得： 我是美国人。
Wǒ shì Měiguórén.

王老师： 您是大学生吗?
Nín shì dàxuéshēng ma?

彼　得： 不是, 我是大学教授。
Búshì, Wǒ shì dàxuéjiàoshòu.

生词

是	shì	【동】	~이다
不	bù	【부】	동사 혹은 형용사의 부정
中国	Zhōngguó	【명】	중국
人	rén	【명】	사람
韩国	Hánguó	【명】	한국
美国	Měiguó	【명】	미국
爸爸	bàba	【명】	아빠
哪	nǎ	【대】	무엇, 어느
大学生	dàxuéshēng	【명】	대학생
大学	dàxué	【명】	대학교
教授	jiào shòu	【명】	교수

说明

1. 가족

爸爸	bàba	아빠
妈妈	māma	엄마
哥哥	gēge	오빠, 형
姐姐	jiějie	누나, 언니
弟弟	dìdi	남동생
妹妹	mèimei	여동생
爷爷	yéye	할아버지
奶奶	nǎinai	할머니
爱人	àirén	아내, 남편
儿子	érzi	아들
女儿	nǚ'ér	딸

2. 是

: '是'는 술어로 '~이다'는 뜻이며, 'A是B'의 형태로 쓰여 'A는 B이다'의 의미를 갖는다. '是'의 부정은 '不是'이다.

我是韩国人。 **Wǒ shì Hánguórén.**	나는 한국 사람이다.
我是老师。 **Wǒ shì lǎoshī.**	나는 선생님이다.
我不是中国人。 **Wǒ búshì Zhōngguórén**	나는 중국 사람이 아니다.
我不是大学生。 **Wǒ búshì dàxuéshēng**	나는 대학생이 아니다.

3. 의문 대명사

: 의문문을 만들 때, 吗 이외에 의문대명사를 사용한다. 의문대명사를 사용하면 문장 뒤에 吗를 붙이지 않는다. 哪는 '어느'의 의미이다.

您是哪国人? Nín shì nǎ guórén?	당신은 어느 나라 사람입니까?
您是哪国人吗? (×) Nín shì nǎ guórén ma?	

4. 기타 의문대명사

什么	shénme	무엇	你看什么?	무엇을 보나요?
怎么	zěnme	어떻게, 어째서	怎么不去?	어째서 가지 않죠?
谁	shéi	누구	你是谁?	당신은 누구신가요?
几	jǐ	몇	有几个人?	몇 사람이 있나요?
多少	duōshao	얼마	多少钱?	얼마인가요?

练习

1. 성조 결합 연습

1성+2성	中国 Zhōngguó	加油 jiāyóu	新闻 xīnwén
2성+2성	韩国 Hánguó	同学 tóngxué	头疼 tóuténg
3성+2성	美国 Měiguó	草莓 cǎoméi	检查 jiǎnchá
4성+2성	大学 dàxué	问题 wèntí	未来 wèilái

2. 유사발음 연습

中 zhōng	冲 chōng	容 róng
国 guó	阔 kuò	活 huó
生 shēng	称 chēng	争 zhēng
语 yǔ	旅 lǚ	女 nǚ

3. 치환 연습

你是____人吗?	中国	美国	英国	日本
你____是中国人吗?	妈妈	爷爷	奶奶	老师

4. 다음 제시한 단어를 사용하여 완전한 문장을 만드시오.

[예] 我/人/韩国/是 → **我是韩国人**

中国/是/人/我/不 →

是/韩国/我/爸爸/也/人 →

教授/是/我/大学 →

5. 다음 표현을 한어병음으로 쓰시오.

a) 당신은 미국 사람인가요?

b) 당신은 어느 나라 사람인가요?

c) 당신은 선생님입니까?

d) 아닙니다. 저는 대학교수입니다.

한자 쓰기

是 shì					
国 guó					
韩 hán					
爸 bà					
哪 nǎ					
学 xué					
教 jiào					
英 yīng					
语 yǔ					
妈 mā					

哥 gē					
姐 jiě					
弟 dì					
妹 mèi					
爷 yé					
奶 nǎi					
爱 ài					
儿 ér					

쉬어 가기

중국어의 잰말놀이 (绕口令 ràokǒulìng)

중국어를 처음 배우는 사람이 가장 어려워하는 것이 중국어의 성조다. 성조는 우리에게 낯선 것이지만, 사실 아프리카나 동남아 및 남아시아의 언어들 중에는 성조 언어가 많다. 중국어는 발음이 같더라도 성조가 다르면 다른 뜻이 된다. 그렇다면 한자의 성조를 모두 다 외워야 하는 것일까? 한자의 성조가 몇 성인지 암기하는 것보다 그냥 음으로 기억하여 숙달하는 것이 필요하다. 이는 마치 노래를 부를 때 악보를 암기하지 않는 것과 같다. 멜로디로 기억하면 언제든지 동일한 음과 박자로 노래를 부를 수 있다. 중국어 역시 음으로 정확히 듣고 머릿속에 저장해두면 언제든지 그 음을 꺼내어 쓸 수 있을 것이다.

다음은 중국어 발음과 성조의 연습 방법 중의 하나이다. 이를 잰말놀이라 하는데, 이를 통해 성조를 정확히 듣고 입력하도록 하자.

爸爸打他, 他怕爸爸。
Bàba dǎ tā, tā pà bàba.

妈妈牵马, 马慢妈妈骂马。
Māma qiān mǎ, mǎ màn māma mà mǎ.

妞妞牵牛, 牛拧妞妞拧牛。
Niūniu qiān niú, niú nìng niūniu nǐng niú.

第三课

你今年多大?

Nǐ jīnnián duō dà?

课文

1.

1	2	3	4	5	6	7	8	9	10
yī	èr	sān	sì	wǔ	liù	qī	bā	jiǔ	shí

11	23	45
shíyī	èrshí sān	sìshí wǔ

106	116	165
yìbǎi líng liù	yìbǎi yīshí liù	yìbǎi liùshí wǔ

2.

金智诚： 你今年多大?
Nǐ jīnnián duō dà?

李英姬： 我今年21岁。
Wǒ jīnnián èrshíyī suì.

金智诚： 你家有几口人?
Nǐ jiā yǒu jǐ kǒu rén?

李英姬： 我家有五口人。
Wǒ jiā yǒu wǔ kǒu rén.

金智诚： 你有几个兄弟姐妹?
Nǐ yǒu jǐ ge xiōngdìjiěmèi?

李英姬： 我有一个哥哥和一个弟弟。
Wǒ yǒu yí ge gēge hé yí ge dìdi.

生词

今年	jīnnián	【명】	금년
岁	suì	【명】	세, 살(나이를 세는 말)
家	jiā	【명】	집
有	yǒu	【동】	있다
几	jǐ	【대】	몇
口	kǒu	【양】	사람을 세는 양사
个	ge	【양】	개수를 세는 양사
兄弟	xiōngdì	【명】	형제
姐妹	jiěmèi	【명】	자매
哥哥	gēge	【명】	형, 오빠
弟弟	dìdi	【명】	남동생
和	hé	【개】	~와

说明

1. 숫자

1	2	3	4	5	6	7	8	9	10
yī	èr	sān	sì	wǔ	liù	qī	bā	jiǔ	shí
11	12	13	14	15	16	17	18	19	20
shíyī	shí'èr	shísān	shísì	shíwǔ	shíliù	shíqī	shíbā	shíjiǔ	èrshí
21	22	23							30
èrshíyī	èrshí'èr	èrshísān							sānshí
31		33	34						40
sānshíyī		sānshísān	sānshísì						sìshí
41			44	45					50
sìshíyī			sìshísì	sìshíwǔ					wǔshí
51				55	56				60
wǔshíyī				wǔshíwǔ	wǔshíliù				liùshí
61					66	67			70
liùshíyī					liùshíliù	liùshíqī			qīshí
71						77	78		80
qīshíyī						qīshíqī	qīshíbā		bashí
81							88	89	90
bāshíyī							bāshíbā	bāshíjiǔ	jiǔshí
91	92	93	94	95	96	97	98	99	100
jiǔshíyī	jiǔshí'èr	jiǔshísān	jiǔshísì	jiǔshíwǔ	jiǔshíliù	jiǔshíqī	jiǔshíbā	jiǔshíjiǔ	yìbǎi

111
yìbǎi yìshíyī

200
liǎngbǎi
(èrbǎi)

222
liǎngbǎi'èrshí'èr
(èrbǎièrshí'èr)

[주의]

1. 111는 yìbǎishíyī가 아니며 yìbǎi yīshíyī로 쓴다.
2. 200은 liǎngbǎi나 èrbǎi를 모두 쓸 수 있다. 다만 222는 liǎngbǎiliǎngshí'èr이 아니며 liǎngbǎi'èrshí'èr로 쓴다.

2. 나이 묻기

: 한국어에서는 나이를 '많다'라고 표현하지만, 중국어에서는 '多(많다)'가 아닌 '大(크다)'로 표현한다. 일반적으로 나이를 묻는 표현은 '你多大?(몇 살인가요?)'이지만 상대방의 연령에 따라 묻는 방법이 다르다.

你几岁?	Nǐ jǐ suì?	몇 살이니? (10세 미만)
你多大?	Nǐ duō dà?	몇 살인가요? (일반적 표현)
您多大年纪?	Nín duō dà niánjì?	몇 살이신가요? (정중한 표현)
您贵庚?	Nín guì gēng?	(할아버지, 할머니) 연세가 어떻게 되세요?

3. 有

: 有는 '있다, 소유하다'의 의미를 갖고 있다.

我有爸爸。	**Wǒ yǒu bàba.**	나는 아빠가 있다.
我有朋友。	**Wǒ yǒu péngyou.**	나는 친구가 있다.

: 有의 부정은 不有가 아니라 沒(méi)有

我沒有爷爷。	**Wǒ méiyǒu yéye.**	나는 할아버지가 없다.
我沒有弟弟。	**Wǒ méiyǒu dìdi.**	나는 남동생이 없다.

4. 양사(量詞)

: 중국어는 명사를 세는 다양한 양사가 있다.

一个人	yí ge rén	한 사람
五口人	wŭ kŏu rén	다섯 명 (가족을 세는 단위)
一位老师	yí wèi lǎoshī	한 분의 선생님
一件衣服	yí jiàn yīfu	한 벌의 옷
两本书	liǎng běn shū	두 권의 책

练习

1. 다음의 숫자를 중국어로 읽어 보시오.

14　　44　　56　　106　　216

2. 치환 연습

你有____吗?	哥哥	姐姐	弟弟	妹妹	朋友
我没有____。	爷爷	奶奶	爱人	儿子	女儿

你有几个朋友?　　我有__个朋友

一
两
三
五
九

3. 다음의 내용을 본인의 상황에 맞게 치환하시오.

你家有几口人?　　我家有四口人。爸爸, 妈妈, 姐姐 和我

我家有__口人, __ __ __ 和我。

4. 다음에 제시한 단어를 사용하여 완전한 문장을 만드시오

五/有/我家/人/口 →

有/个/兄弟姐妹/几/你 →

一个弟弟/有/一个哥哥/和/我 →

5. 다음 표현을 한어 병음으로 쓰시오

a) 올해 나이가 어떻게 되나요?

b) 26살입니다.

c) 형이 한 명 있어요.

d) 저는 남동생이 없습니다.

한자 쓰기

今 jīn					
年 nián					
多 duō					
大 dà					
岁 suì					
家 jiā					
有 yǒu					
几 jǐ					
个 gè					
兄 xiōng					

弟 dì					
姐 jiě					
妹 mèi					
和 hé					
哥 gē					
弟 dì					

쉬어 가기

중국인과 숫자

중국인들이 제일 좋아하는 숫자는 8이다. 8(八)의 광동어 발음은 发(fā)이다. 发(fā)는 发财(fācái), 즉 '큰 돈을 벌다'는 의미를 갖는다. 중국 사람들은 주소의 번지수나 자동차 번호판, 전화번호 등에도 8자를 선호한다. 2008년 베이징 올림픽 개막식을 8월 8일 8시 8분 8초에 한 이유도 바로 거기에 있다. 중국인은 6자도 좋아하는데 이는 6(liù)와 流(liū)의 발음이 같아 '순조롭다'는 의미가 있기 때문이다. 중국어 六六大順(liùliùdàshùn: 크게 순조롭다)의 의미에서도 알 수 있듯이 6은 순조롭다는 뜻을 갖고 있다. 9(jiǔ)자는 10 이하의 숫자 중에 가장 높은 숫자이며, 높고, 깊고, 크고, 넓다는 의미를 갖는다. 또한 9는 '오래되다'는 의미의 '久(jiǔ)'와 발음이 같아, 오래오래 지속된다는 기원을 담고 있다. 옛날 황세를 '九重天(jiǔchóngtiān)'이라고 했고, 천하를 상징하는 아홉 개의 솥을 '九鼎(jiǔdǐng)'이라고 했으며 전설 상의 중국의 영토를 '九州(jiǔzhōu)'라고 한 것은 모두 九에 황제의 존엄과 오래도록 잘 다스려지기를 바라는 염원이 담겨져 있기 때문이다.

이와 반대로 싫어하는 숫자도 있다. 우선 四(sì)는 고대에 상서로운 숫자로 간주하였으나 현대에 오면서 죽을 死(sǐ)와 음이 같다는 이유로 점차 기피하는 숫자가 되었다. 건물에 4층이나 14층이 없고 병원에 4호실을 쓰지 않는다거나 버스나 차 번호판에 4자를 쓰지 않는 것은 바로 그 이유 때문이다.

第四课

现在几点?

Xiànzài jǐ diǎn?

课文

1.

李英姬： **现在几点?**
Xiànzài jǐ diǎn?

金智诚： **两点半。**
Liǎng diǎn bàn.

李英姬： **你几点上课?**
Nǐ jǐ diǎn shàngkè?

金智诚： **三点。**
Sān diǎn.

2.

李英姬： 今天是几月几号?
Jīntiān shì jǐ yuè jǐ hào?

金智诚： 3月16号。
Sān yuè shíliù hào.

李英姬： 是星期五吗?
Shì xīngqīwǔ ma?

金智诚： 对, 今天是星期五。
Duì, jīntiān shì xīngqīwǔ.

生词

现在	xiànzài	【명】	지금, 현재
点	diǎn	【명】	시
两	liǎng	【수】	둘
半	bàn	【수】	반, 절반
上课	shàngkè	【동】	수업하다
的	de	【조】	~의
月	yuè	【명】	월
号	hào	【명】	일
星期	xīngqī	【명】	요일, 주일
今天	jīntiān	【명】	오늘
对	duì	【형】	맞다, 옳다

说明

1. 시각(時刻) 말하기

: 중국어로 시각은 点(diǎn), 분은 分(fēn)을 사용하여 표현한다. 30분은 30分(sānshí fēn)이나 半(bàn)을 사용한다. 시각을 물어볼 때는 现在几点?(Xiànzài jǐ diǎn?)이라고 한다.

7:00	7 点 qī diǎn	
8:30	8 点 30 分 bā diǎn sānshí fēn	8 点 半 bā diǎn bàn
12:40	12 点 40 分 shí'èr diǎn sìshí fēn	

※ 2시는 '二点(èr diǎn)'이 아니라 '两点(liǎng diǎn)'이라고 한다

2. 시각과 관련된 대명사

昨天	zuótiān	어제
今天	jīntiān	오늘
明天	míngtiān	내일
去年	qùnián	작년
今年	jīnnián	올해
明年	míngnián	내년
早上	zǎoshang	아침
上午	shàngwǔ	오전
下午	xiàwǔ	오후
晚上	wǎnshang	저녁

3. 요일 말하기

: 중국어에서는 星期에 숫자를 더하여 요일을 표현한다.

星期一	xīngqīyī	월요일
星期二	xīngqī'èr	화요일
星期三	xīngqīsān	수요일
星期四	xīngqīsì	목요일
星期五	xīngqīwǔ	금요일
星期六	xīngqīliù	토요일
星期天	xīngqītiān	일요일

: 요일을 물을 때는 今天星期几?(Jīntiān xīngqījǐ?)라고 한다.

4. 날짜 말하기

: 중국어로 월은 月(yuè), 일은 号(hào)를 써서 표현한다. 号 대신 日(rì)를 쓰기도 한다.

3 sān	月 yuè	16 shíliù	号 hào
4 sì	月 yuè	20 èrshí	号 hào
10 shí	月 yuè	3 sān	号 hào

: 날짜를 물을 때는 今天(是)几月几号?(Jīntiān [shì] jǐ yuè jǐ hào?)라고 한다.

练习

1. 다음 제시한 시간을 중국어로 말하시오.

现在几点? 9:00 3:25 6:30 11:48

2. 다음 제시한 요일을 중국어로 말하시오.

今天星期几? 월요일 화요일 토요일 일요일

3. 다음 제시한 날짜를 중국어로 말하시오.

今天几月几号? 3월 16일 5월 23일

8월 9일 12월 25일

4. 다음 한어병음을 읽고 한자로 써 보시오

a) Zuótiān wǎnshang bā diǎn sānshí fēn

b) Xīngqīliù xiàwǔ sān diǎn shí fēn

c) Míngtiān shàngwǔ shí diǎn sìshí fēn

5. 다음 제시한 문장을 한어병음으로 쓰시오.

a) 지금 몇 시니?

b) 어제가 4월 5일입니다.

c) 내일은 몇 월 며칠입니까?

d) 오늘 오후 3시에 수업합니다.

한자 쓰기

现 xiàn					
在 zài					
点 diǎn					
两 liǎng					
半 bàn					
课 kè					
今 jīn					
号 hào					
星 xīng					
期 qī					

对 duì					
昨 zuó					
午 wǔ					
早 zǎo					
晚 wǎn					

쉬어 가기 중국 지도

중국은 23개의 성과 5개의 자치구(광시좡족자치구, 네이멍구자치구, 닝샤후이족자치구, 신장위구르자치구, 시짱자치구), 4개의 직할시(베이징, 상하이, 톈진, 충칭), 2개의 특별행정구(홍콩, 마카오)로 구성되어 있다.

第五课

你在做什么?

Nǐ zài zuò shénme?

课文

1.

金智诚： 你在做什么?
Nǐ zài zuò shénme?

李英姬： 我在准备明天的考试。
Wǒ zài zhǔnbèi míngtiān de kǎoshì.

金智诚： 明天有什么考试?
Míngtiān yǒu shénme kǎoshì?

李英姬： 汉语和英语。
Hànyǔ hé Yīngyǔ.

2.

金智诚： 你在哪儿学习汉语?
Nǐ zài nǎr xuéxí Hànyǔ?

李英姬： 我在学校学汉语。
Wǒ zài xuéxiào xué Hànyǔ

金智诚： 汉语难不难?
Hànyǔ nán bu nán?

李英姬： 不难, 很有意思。
Bù nán, hěn yǒuyìsi.

生词

做	zuò	【동】 ~을 하다
什么	shénme	【대】 무엇
准备	zhǔnbèi	【명】 준비 【동】 준비하다
明天	míngtiān	【명】 내일
考试	kǎoshì	【명】 시험
汉语	Hànyǔ	【명】 중국어
英语	Yīngyǔ	【명】 영어
在	zài	【동】 ~에 있다 【개】 ~에서
哪儿	nǎr	【대】 어느, 어느 곳
学(习)	xué(xí)	【동】 배우다, 학습하다
学校	xuéxiào	【명】 학교
难	nán	【형】 어렵다
有意思	yǒuyìsi	【형】 재미있다

说明

1. 국가와 언어

한국	韩国 Hánguó	韩语 Hányǔ
중국	中国 Zhōngguó	汉语 Hànyǔ
미국	美国 Měiguó	英语 Yīngyǔ
영국	英国 Yīngguó	英语 Yīngyǔ
프랑스	法国 Fǎguó	法语 Fǎyǔ
일본	日本 Rìběn	日语 Rìyǔ

2.1 在: 있다 / ~에서

我在学校。 **Wǒ zài xuéxiào.**	나는 학교에 있다.
他在家。 **Tā zài jiā.**	그는 집에 있다.
你在哪儿? **Nǐ zài nǎr?**	너 어디에 있니?

2.2 在 + 장소 + 행위 : ~에서 ~을 하다.

我在学校学汉语。 Wǒ zài xuéxiào xué Hànyǔ.	나는 학교에서 중국어를 배운다.
他在食堂吃饭。 Tā zài shítáng chī fàn.	그는 식당에서 밥을 먹는다.
我在家喝咖啡。 Wǒ zài jiā hē kāfēi.	나는 집에서 커피를 마신다.
你在哪儿吃饭? Nǐ zài nǎr chī fàn?	넌 어디에서 밥을 먹니?
你在家做什么? Nǐ zài jiā zuò shénme?	너는 집에서 뭐하니?

2.3 在 + 동사 : 동작을 하고 있는 중이다.

你在做什么? **Nǐ zài zuò shénme?**	너 뭐하고 있니?
我在休息。 **Wǒ zài xiūxi.**	나 쉬고 있는 중이야.
我在看电视。 **Wǒ zài kàn diànshì.**	나 텔레비전 보고 있는 중이야.

3. 정반 의문문

: '好不好'처럼 술어의 긍정 + 부정의 형태는 의문문이 된다.

이때, 의문사나 吗는 사용하지 않는다.

汉语难不难? **Hànyǔ nán bu nán?**	중국어는 어렵나요?
你有没有哥哥? **Nǐ yǒuméiyǒu gēge?**	당신은 형(오빠)이 있나요?
你是不是中国人? **Nǐ shìbushì Zhōngguórén?**	당신은 중국 사람입니까?

练习

1. 치환 연습

你做什么?

我准备明天的汉语考试。 英语 韩语 法语 日语

2. 다음 주어진 단어를 활용하여 문장을 완성하시오

我在哪儿做什么?	食堂	吃饭
	家	喝咖啡
	学校	上课
	韩国	学韩语

3. 다음 의문문을 정반 의문문으로 만들어 보시오.

a) 넌 학생이니? b) 엄마의 몸이 어떠시니?

c) 내일 시험이 있니? d) 시험이 어렵니?

4. 다음에 제시한 한어병음을 읽고 한자로 써 보시오.

a) Wǒ zhǔnbèi míngtiān de kǎoshì.

b) Míngtiān yǒu shénme kǎoshì?

c) Wǒ zài xuéxiào xué Hànyǔ.

d) Hànyǔ nán bù nán?

5. 다음 제시한 문장을 한어병음으로 쓰시오.

a) 내일 중국어 시험이 있니?

b) 넌 어디에서 중국어를 배우니?

c) 너희 아버지는 지금 어디 계시니?

d) 영어는 매우 재미있습니다.

한자 쓰기

做 zuò					
准 zhǔn					
备 bèi					
考 kǎo					
试 shì					
汉 hàn					
语 yǔ					
英 yīng					
哪 nǎ					
儿 ér					

学 xué					
习 xí					
校 xiào					
难 nán					
意 yì					
思 sī					
韩 hán					
国 guó					
美 měi					
英 yīng					

쉬어 가기

중국의 행정구획표

행정단위		명칭	약칭	인구(명)	성도(省都)
성	1	허베이 河北	지 冀	7100만	스자좡 石家庄
	2	산시 山西	진 晋	3500만	타이위안 太原
	3	랴오닝 辽宁	랴오 辽	4300만	선양 沈阳
	4	지린 吉林	지 吉	2700만	장춘 长春
	5	헤이룽장 黑龙江	헤이 黑	3800만	하얼빈 哈尔滨
	6	장쑤 江苏	쑤 苏	7800만	난징 南京
	7	저장 浙江	저 浙	5400만	항저우 杭州
	8	안후이 安徽	완 皖	5900만	허페이 合肥
	9	푸젠 福建	민 闽	3600만	푸저우 福州
	10	장시 江西	간 赣	4400만	난창 南昌
	11	산둥 山东	루 鲁	9500만	지난 济南
	12	허난 河南	위 豫	9400만	정저우 郑州
	13	후베이 湖北	이 鄂	5700만	우한 武汉
	14	후난 湖南	샹 湘	6500만	창사 长沙
	15	광둥 广东	웨 粤	1억 430만	광저우 广州
	16	하이난 海南	츙 琼	860만	하이커우 海口
	17	쓰촨 四川	촨 川 (수 蜀)	8000만	청두 成都
	18	구이저우 贵州	구이 贵 (첸 黔)	3400만	구이양 贵阳
	19	윈난 云南	윈 云 (뎬 滇)	4500만	쿤밍 昆明
	20	산시 陕西	산 陕 (친 秦)	3700만	시안 西安
	21	간쑤 甘肃	간 甘 (룽 陇)	2500만	란저우 兰州
	22	칭하이 青海	칭 青	560만	시닝 西宁

행정단위		명칭	약칭	인구(명)	성도(省都)
자치구	1	네이멍구 內蒙古	멍 蒙	2400만	후허호트 呼和浩特
	2	닝샤 宁夏	닝 宁	630만	인촨 银川
	3	광시 广西	구이 桂	4600만	난닝 南宁
	4	신장 新疆	신 新	2100만	우루무치 乌鲁木齐
	5	시짱 西藏	짱 藏	300만	라싸 拉萨
직할시	1	베이징 北京	징 京	1900만	베이징
	2	톈진 天津	진 津	1200만	톈진
	3	상하이 上海	후 沪 (선 申)	2300만	상하이
	4	충칭 重庆	위 渝	2800만	충칭
특별 행정구	1	홍콩 香港	강 港	709만	홍콩
	2	마카오 澳门	아오 澳	55만	마카오

第六课 你喜欢什么运动?

Nǐ xǐhuan shénme yùndòng?

课文

1.

王老师 : 你喜欢什么运动?
Nǐ xǐhuan shénme yùndòng?

金智诚 : 我喜欢打篮球, 你会打吗?
Wǒ xǐhuan dǎ lánqiú, nǐ huì dǎ ma?

王老师 : 我不会, 我喜欢踢足球。
Wǒ búhuì, wǒ xǐhuan tī zúqiú.

金智诚 : 是吗? 我只喜欢看足球比赛。
Shì ma? Wǒ zhǐ xǐhuan kàn zúqiúbǐsài.

2.

李英姬： 老师去哪儿?
Lǎoshī qù nǎr?

王老师： 我去电影院看电影。
Wǒ qù diànyǐngyuàn kàn diànyǐng.

李英姬： 看什么电影?
Kàn shénme diànyǐng?

王老师： 我看韩国电影。
Wǒ kàn Hánguó diànyǐng.

生词

喜欢	xǐhuan	【동】 좋아하다	
运动	yùndòng	【명】 운동	【동】 운동하다
打	dǎ	【동】 치다. (구기 운동을) 하다	
篮球	lánqiú	【명】 농구	
会	huì	【조】 배워서 할 줄 안다	
踢	tī	【동】 발로 차다	
足球	zúqiú	【명】 축구	
只	zhǐ	【부】 단지	
看	kàn	【동】 보다	
比赛	bǐsài	【명】 시합	【동】 시합하다
去	qù	【동】 가다	
电影	diànyǐng	【명】 영화	
电影院	diànyǐngyuàn	【명】 영화관	

说明

1. 喜欢

: '喜欢 + 대상'의 형식은 대상을 좋아한다는 의미이다

我喜欢家人。 **Wǒ xǐhuan jiārén.**	나는 가족을 좋아한다.
我喜欢你。 **Wǒ xǐhuan nǐ.**	나는 너를 좋아한다.

: '喜欢 + 동사'의 형식은 '~하는 것을 좋아한다'는 의미이다.

我喜欢打篮球。 **Wo xǐhuan dǎ lánqiú.**	나는 농구하는 것을 좋아한다.
我喜欢看电影。 **Wǒ xǐhuan kàn diànyǐng.**	나는 영화 보는 것을 좋아한다.

2. 去, 来

: '去 + 장소'는 '~에 가다'의 의미를 갖는다

去学校	qù xuéxiào	학교에 가다
去食堂	qù shítáng	식당에 가다

: '来 + 장소'는 '~에 오다'의 의미를 갖는다

来学校	lái xuéxiào	학교에 오다
来韩国	lái Hánguó	한국에 오다

: 去 + 장소 + 행동 : ~가서 ~을 하다 (~하러 ~에 가다)

去电影院看电影。 **qù diànyǐngyuàn kàn diànyǐng.**	극장에 가서 영화보다. (영화 보러 극장에 가다)
去中国学汉语。 **qù Zhōngguó xué Hànyǔ.**	중국에 가서 중국어를 배운다. (중국어 배우러 중국에 간다)

: 来 + 장소 + 행동 : ~가서 ~을 하다 (~하러 ~에 오다)

来我家吃饭。 **lái wǒ jiā chīfàn.**	우리집에 와서 밥을 먹다. (밥 먹으러 우리집에 오다)
来韩国学韩语。 **lái Hánguó xué Hányǔ.**	한국에 와서 한국어를 배우다. (한국어 배우러 한국에 오다)

3. 운동 종목

打 dǎ	篮球 lánqiú	농구하다
	排球 páiqiú	배구하다
	网球 wǎngqiú	테니스 치다
	乒乓球 pīngpāngqiú	탁구 치다
踢 tī	足球 zúqiú	축구하다

4. 会

: 会는 조동사로 동사 앞에 쓰여 배워서 할 줄 안다는 의미를 갖는다. 이것의 부정은 '不会'이다.

打篮球。 dǎ lánqiú.	농구를 하다.
会打篮球。 huì dǎ lánqiú	농구를 할 줄 안다.
我不会踢足球。 wǒ búhuì tī zúqiú	나는 축구를 할 줄 모릅니다.
说汉语。 shuo Hànyǔ.	중국어를 말하다.
会说汉语。 huì shuō Hànyǔ.	중국어를 (말)할 줄 안다.
我不会说汉语。 wǒ búhuì shuō Hànyǔ	나는 중국어 (말)할 줄 모릅니다. (나는 중국어를 못 합니다.)

练习

1. 치환 연습

你喜欢做什么运动?

篮球	排球
网球	乒乓球
足球	

2. 다음 제시한 단어를 활용하여 문장을 완성하시오.

我去电影院看电影

去食堂	吃饭
去学校	上课
去中国	学汉语
回家	看比赛
去朋友家	准备考试

3. 다음 제시한 단어를 사용하여 완전한 문장으로 만드시오.

什么/喜欢/你/运动 →

篮球/会/我/不/打 →

电影/我/电影院/看/去 →

韩国/看/电影/我 →

4. 다음 제시한 한어병음을 읽고 한자로 써 보시오.

a) Nǐ huì dǎ ma?

b) Wǒ zhǐ xǐhuan kàn zúqiúbǐsài.

c) Lǎoshī qù nǎr?

d) Kàn shénme diànyǐng?

5. 다음 표현을 한어병음으로 쓰시오.

a) 당신은 축구를 할 줄 아나요?

b) 저는 단지 농구시합 보는 것을 좋아합니다.

c) 오늘은 어디 가서 영화를 보나요?

d) 한국에 와서 한국어 공부합니다.

한자 쓰기

喜 xǐ					
欢 huān					
运 yùn					
动 dòng					
打 dǎ					
篮 lán					
球 qiú					
会 huì					
踢 tī					
足 zú					

只 zhǐ					
看 kàn					
比 bǐ					
赛 sài					
电 diàn					
影 yǐng					
院 yuàn					
排 pái					
网 wǎng					
乒 pīng					

쉬어 가기

중국의 소수 민족

중국의 인구는 한족(91.5퍼센트)과 55개의 소수민족으로 이루어져 있다. 중국은 소수민족 우대정책을 펼쳐 소수 민족의 자치권을 부여하고, 그들의 언어 사용을 지지하며 한족과 달리 두자녀 출산을 허용하고 있다. 이러한 정책을 통해 민족 간의 갈등을 해소하고 민족 분리주의를 막고 있다. 55개 소수민족과 그 인구 수는 다음과 같다.

민족	인구(만명)	민족	인구(만명)
한족 汉族	122,593.3	둥족 侗族	296
좡족 壮族	1,617.9	야오족 瑶族	263.7
만족 满族	1,068.2	조선족 朝鲜族	192.4
후이족 回族	981.7	바이족 白族	185.8
마오족 苗族	894	하니족 哈尼族	144
위구르족 维吾尔族	839.9	카자흐족 哈萨克族	125
투자족 土家族	802.8	리족 黎族	124.8
이족 彝族	776.2	다이족 傣族	115.9
몽골족 蒙古族	581.4	서족 畲族	71
티베트족 (짱족藏族)	541.6	리쑤족 傈僳族	63.5
부이족 布依族	297.1	거라오족 仡佬族	57.9

민족	인구(만명)	민족	인구(만명)
둥샹족 东乡族	51.4	푸미족 普米族	3.4
라후족 拉祜族	45	어원커족 鄂温克族	3.1
수이족 水族	40.7	누족 怒族	2.9
와족 佤族	39.7	징족 京族	2.3
나시족 纳西族	30.9	지눠족 基诺族	2.1
창족 羌族	30.6	더앙족 德昂族	1.8
투족 土族	24.1	바오안족 保安族	1.7
무라오족 仫佬族	20.7	러시아족 俄罗斯族	1.6
시보족 锡伯族	18.9	위구족 裕固族	1.4
키르기즈족 柯尔克孜族	16.1	우즈베크족 乌孜别克族	1.2
다워얼족 达斡尔族	13.2	먼바족 门巴族	0.9
징포족 景颇族	13.2	어룬춘족 鄂伦春族	0.8
마오난족 毛南族	10.7	두룽족 独龙族	0.7
싸라족 撒拉族	10.5	타타르족 塔塔尔族	0.5
부랑족 布朗族	9.2	허저족 赫哲族	0.5
타지크족 塔吉克族	4.1	가오산족 高山族	0.5
아창족 阿昌族	3.4	뤄바족 珞巴族	0.3

第七课

这件衣服多少钱?

Zhè jiàn yīfu duōshao qián?

课文

1.

李英姬： 这件衣服多少钱?
Zhè jiàn yīfu duōshao qián?

服务员： 两百块钱。
Liǎngbǎi kuài qián.

李英姬： 便宜点儿吧!
Piányi diǎnr ba!

服务员： 好, 给你一百八。
Hǎo, gěi nǐ yìbǎi bā.

2.

金智诚： 苹果怎么卖?
Píngguǒ zěnme mài?

服务员： 1斤5块钱。
Yì jīn wǔ kuài qián.

金智诚： 太贵了。2斤8块, 好不好?
Tài guì le. Liǎng jīn bā kuài, hǎo bu hǎo?

服务员： 好。
Hǎo.

生词

这	zhè	【대】	이것
件	jiàn	【양】	벌 (옷을 세는 양사)
衣服	yīfu	【명】	옷
多少	duōshao	【대】	얼마
钱	qián	【명】	돈, 값, 비용
块	kuài	【양】	중국 화폐단위 元의 구어적 표현
便宜	piányi	【형】	(가격이) 싸다
(一)点儿	(yì)diǎnr	【양】	조금, 약간
吧	ba	【조】	청유의 어기조사
给	gěi	【동】	주다
苹果	píngguǒ	【명】	사과
怎么	zěnme	【의】	어째서, 어떻게
卖	mài	【동】	팔다
斤	jīn	【양】	근
太	tài	【부】	매우
贵	guì	【형】	(가격이) 비싸다

说明

1. 一点儿

: 一点儿은 동사나 형용사 뒤에 쓰여 경미한 정도와 약간의 의미를 갖는다. 이때 一을 생략하기도 한다.

便宜	piányi	싸다
便宜点儿	piányi diǎnr	조금 싸다
有	yǒu	있다
有一点儿	yǒuyìdiǎnr	약간 있다

: 본문의 '便宜点儿吧!'는 '给我便宜点儿吧!'의 생략된 형태로 '나에게 좀 싸게 주세요'의 의미이다.

2. 吧

: 吧는 문장 뒤에 쓰여 상의, 제의, 청유의 의미를 갖는다.

便宜点儿吧。 **Piányi diǎnr ba.**	조금 싸게 해 주세요.
我们上课吧。 **Wǒmen shàngkè ba.**	우리 수업 합시다.
我们喝咖啡吧。 **Wǒmen hē kāfēi ba.**	우리 커피 마시죠.

3. 과일 명칭

水果 **shuǐguǒ**	과일	苹果 **píngguǒ**	사과
西瓜 **xīguā**	수박	香蕉 **xiāngjiāo**	바나나
葡萄 **pútáo**	포도	草莓 **cǎoméi**	딸기

4. 怎么

: 물건의 가격을 물을 때는 주로 多少钱(duōshao qián)이라고 한다. 또 다른 방법은 怎么卖(zěnme mài) 여기서 怎么는 의문사로 '어떻게', '어찌'의 뜻으로 쓰여 '어떻게 팔아요?'의 의미를 갖는다.

苹果怎么卖? **Píngguǒ zěnme mài?**	사과 어떻게 팔아요?
葡萄怎么吃? **pútáo zěnme chī?**	포도는 어떻게 먹나요?
白酒怎么喝? **Báijiǔ zěnme hē?**	고량주는 어떻게 마시나요?
电影院怎么走? **Diànyǐngyuàn zěnme zǒu?**	극장은 어떻게 가나요?
汉语怎么学? **Hànyǔ zěnme xué?**	중국어는 어떻게 배우나요?

练习

1. 치환 연습

这件衣服多少钱?	两百块钱
	20
	45
	100
	150

2. 다음 제시한 단어를 활용하여 대화를 완성하시오.

苹果	怎么卖?	1斤	2块钱
西瓜		1斤	3
香蕉		1斤	5
葡萄		1斤	10
草莓		1斤	15

3. 怎么와 제시된 단어를 사용하여 의문문을 완성하시오.

a) 당신은 어떻게 학교에 왔나요? **来**

b) 넌 어떻게 시험을 준비하니? **准备**

c) 축구는 어떻게 배우나요? **学**

4. 다음에 제시한 한어병음을 읽고 한자로 써 보시오.

a) Zhè jiàn yīfu duāshao qián?

b) Piányi diǎnr ba!

c) gěi nǐ yìbǎi bā.

d) Tài guì le.

5. 다음 표현을 한어병음으로 쓰시오.

a) 이 옷은 어떻게 팔아요?

b) 조금 비싸네요.

c) 당신에게 200원에 줄게요.

d) 10원에 3개는 어때요?

한자 쓰기

这 zhè					
件 jiàn					
衣 yī					
服 fú					
少 shǎo					
钱 qián					
百 bǎi					
块 kuài					
便 pián					
宜 yí					

汉字					
吧 ba					
给 gěi					
苹 píng					
果 guǒ					
怎 zěn					
卖 mài					
斤 jīn					
太 tài					
贵 guì					

쉬어 가기 중국인과 색깔

중국인들이 가장 좋아하는 색은 빨간색이다. 중국 국기의 바탕색도 빨간색이고, 결혼식 날 신부가 입는 옷도 빨간색이다. 첫날밤 시부모님은 빨간 보자기에 진붉은 대추를 싸서 침대에 뿌려주며 자식을 많이 낳으라고 기원했고, 아기가 태어나면 계란에 빨간색을 칠하여 红蛋(hóngdàn)을 선물하는 풍습이 있다. 또한 새해 세뱃돈을 红包(hóngbāo)에 넣어주고, 결혼 축의금도 빨간색 봉투에 넣어 준다. 신혼방에는 빨간색으로 그린 쌍희자 '囍' 도안을 창문과 벽에 붙여놓는다. 중국 처녀들은 자신의 띠가 돌아오면 빨간 속옷을 선물 받기도 한다. 이렇듯 중국인은 빨간색이 행복과 기쁨을 가져다준다고 여기며 사랑해 왔다.

반면에 검은색은 안 좋은 의미를 띠고 있다. 黑心(흑심: hēixīn)은 '나쁜 생각을 가지고 있다'는 의미이다. 검은 커튼을 뜻하는 黑幕(흑막: hēimù)은 '겉으로 드러내지 않은 음흉한 속임수'를 가리킨다. 그 외에도 黑孩子(hēiháizi: 한 가구 한 자녀 정책을 어기고 낳은 두 번째 아이로 출생신고를 하지 않은 아이를 말한다), 黑客(hēikè: 해커), 黑網吧(hēiwǎngbā: 불법 PC방), 黑票(hēipiào: 암표), 黑社會(hēishèhuì: 조직폭력배 사회), 黑手党(hēishǒudǎng: 마피아) 등이 있다.

第八课

请问，北京火车站怎么走？

Qǐngwèn, Běijīng huǒchēzhàn zěnme zǒu?

课文

1.

李英姬： 请问，北京火车站怎么走?
Qǐngwèn, Běijīng huǒchēzhàn zěnme zǒu?

路　人： 一直走就好了。
Yìzhí zǒu jiù hǎo le.

李英姬： 离这儿远不远?
Lí zhèr yuǎn bu yuǎn?

路　人： 不远，走十分钟就到了。
Bù yuǎn, zǒu shí fēnzhōng jiù dào le.

李英姬： 谢谢您!
Xièxie nín!

路　人： 不客气!
Búkèqi!

2.

金智诚： 我想去机场, 要坐几路车呢?
Wǒ xiǎng qù jīchǎng, yào zuò jǐlù chē ne?

路　人： 坐236路公车。
Zuò èrsānliù lù gōngchē.

金智诚： 要换车吗?
Yào huàn chē ma?

路　人： 不用。
Bú yòng.

金智诚： 坐几站?
Zuò jǐ zhàn?

路　人： 坐5站。
Zuò wǔ zhàn.

生词

请问	qǐngwèn	【동】	말씀 좀 여쭙겠습니다
北京	Běijīng	【명】	북경
火车	huǒchē	【명】	기차
站	zhàn	【명】	역
走	zǒu	【동】	가다, 걷다
一直	yìzhí	【부】	줄곧
离	lí	【개】	~에서, ~부터
这儿	zhèr	【대】	여기, 이곳
远	yuǎn	【형】	멀다
分钟	fēnzhōng	【명】	시간
到	dào	【동】	도착하다
坐	zuò	【동】	앉다, 타다
路	lù	【명】	중국 버스 노선
公车	gōngchē	【명】	버스
要	yào	【동】	필요하다, 바라다
换车	huànchē	【동】	갈아타다
不用	búyòng	【부】	~할 필요 없다

说明

1. 교통수단

坐 zuò	车	chē	차를 타다
	公车	gōngchē	버스를 타다
	地铁	dìtiě	지하철를 타다
	火车	huǒchē	기차를 타다
	飞机	fēijī	비행기를 타다
	船	chuán	배를 타다
	计程车	jìchéngchē	택시를 타다
骑 qí	自行车 (脚踏车)	zìxíngchē (jiǎotàchē)	자전거를 타다
	摩托车	mótuōchē	오토바이를 타다
	马	mǎ	말을 타다

※ 택시를 타다는 말은 打的(dǎdī)라고도 한다.

2. 장소

车站	chēzhàn	정거장
地铁站	dìtiězhàn	전철역
火车站	huǒchēzhàn	기차역
机场	jīchǎng	공항
银行	yínháng	은행
医院	yīyuàn	병원
市场	shìchǎng	시장
超级市场	chāojíshìchǎng	슈퍼마켓
大使馆	dàshǐguǎn	대사관

3. 장소 + 怎么走？

: '怎么走?'는 '어떻게 갑니까?'의 의미이다. 길을 물을 때는 '장소 + 怎么走?'의 형식을 취한다.

北京火车站 Běijīng huǒchēzhàn	怎么走? zěnme zǒu?	북경역은 어떻게 가나요?
机场 Jīchǎng		공항은 어떻게 가나요?
车站 Chēzhàn		정거장은 어떻게 가나요?
地铁站 Dìtiězhàn		지하철역은 어떻게 가나요?
医院 Yīyuàn		병원은 어떻게 가나요?

4. 离 + 장소

: 일반적으로 离 다음에는 장소가 나오며 '~에서 부터'의 의미를 갖는다.

离这儿远不远? Lí zhèr yuǎn bu yuǎn?	여기에서 먼가요?
离学校不远。 Lí xuéxiào bù yuǎn.	학교에서 멀지 않아요.
离地铁站很远。 Lí dìtiězhàn hěn yuǎn.	지하철역에서 아주 멀어요.
离我家很近。 Lí wǒ jiā hěn jìn.	우리 집에서 매우 가깝습니다.

5. 시간의 길이

: 몇 시 몇 분의 시각을 가리킬 때는 点과 分으로 나타내고, 시간의 길이를 나타낼 때는 다음과 같이 사용한다.

小时	xiǎoshí	~시간
分钟	fēn zhōng	~분(간)
秒	miǎo	~초(간)

二十分钟 / 半个小时 sānshí fēn zhōng / bàn ge xiǎoshí	30분간
一个小时 yí ge xiǎoshí	1시간
两个小时 二十分钟 liǎng ge xiǎoshí èr shí fēn zhōng	2시간 20분
三个 半 小时 sān ge bàn xiǎoshí	3시간 30분

练习

1. 치환 연습

你坐什么去学校?	坐	公车
	坐	地铁
	坐	火车
	骑	自行车
	骑	摩托车

2. 다음 제시한 단어를 활용하여 문장을 완성하시오.

我家离这儿	不远	走	10分钟就到
学校		坐地铁	20分钟
火车站		坐公车	一个小时
机场		坐火车	两个小时
医院		骑自行车	三个小时

3. 다음 제시한 시간을 중국어로 표현하시오.

a) 30분

b) 45분

c) 1시간 30분

d) 2시간 40분

4. 다음 제시한 한어병음을 읽고 한자로 써 보시오

a) Yìzhí zǒu jiù hǎo le.

b) Lí zhèr yuǎn bù yuǎn?

c) Zǒu shí fēnzhōng jiù daò le.

d) Wǒ xiǎng qù jīchǎng, yào zuò jǐlù chē ne?

5. 다음 표현을 한어병음으로 바꾸시오.

a) 여기에서 아주 가까워요.

b) 공항가려면 몇 번 버스를 타야 하나요?

c) 갈아타야 합니까?

d) 저는 자전거를 타고 학교에 갑니다.

한자 쓰기

请 qǐng					
问 wèn					
车 chē					
站 zhàn					
直 zhí					
离 lí					
远 yuǎn					
钟 zhōng					
到 dào					
机 jī					

场 chǎng					
坐 zuò					
公 gōng					
换 huàn					
铁 tiě					
飞 fēi					
船 chuán					
计 jì					
程 chéng					
摩 mó					

쉬어 가기

행운과 금기의 선물

중국 사람들은 배를 나누어 먹지 않는다. 배를 나눈다는 표현인 分梨(fēnlí)가 마치 이별하다는 分离(fēnlí)처럼 들리기 때문이다. 대신에 사과를 좋아한다. 사과는 중국어로 苹果(píngguǒ)라고 하는데, 和平(hépíng)이 연상되기 때문이다. 따라서 아무리 한국의 배가 맛있더라도 중국인에게 배를 선물하는 것은 조금 꺼림직하다. 탁상시계와 부채도 마찬가지이다. 탁상시계나 괘종시계를 중국어로 钟(zhōng)이라고 하는데, '시계를 주다'라는 표현인 送钟(sòngzhōng)이 '임종을 지키다'라는 送终(sòngzhōng)과 발음이 같기 때문이다. 손목시계는 表(biǎo)이므로 상관이 없다. 부채는 扇子(shànzi)라고 하는데, 이것이 '흩어지다'라는 散(sàn)과 발음이 비슷하기 때문에 선물로는 역시 부적절하다. 우산이나 양산도 마찬가지이다. 伞(sǎn)과 散의 발음이 비슷하기 때문이다. 그러나 요즘 젊은이들은 이런 전통적인 관습에 별로 개의치 않는다.

第九课

今天天气怎么样?

Jīntiān tiānqì zěnmeyàng?

课文

1.

金智诚： 今天天气怎么样?
Jīntiān tiānqì zěnmeyàng?

李英姬： 会下雪。
Huì xiàxuě.

金智诚： 气温多少度?
Qìwēn duōshao dù?

李英姬： 零下4，5度左右。
Língxià sì, wǔ dù zuǒyòu.

金智诚： 不会很冷吧!
Búhuì hěn lěng ba!

李英姬： 你多穿衣服，小心别感冒。
Nǐ duō chuān yīfu, xiǎoxīn bié gǎnmào.

2.

李英姬： 今天很热。
Jīntiān hěn rè.

王老师： 对啊! 很闷热。
Duì a! Hěn mēnrè.

李英姬： 最近越来越热。
Zuìjìn yuèláiyuè rè.

王老师： 首尔的夏天也很热吗?
Shǒu'ěr de xiàtiān yě hěn rè ma?

李英姬： 首尔比北京凉快。
Shǒu'ěr bǐ Běijīng liángkuai.

王老师： 是吗?
Shì ma?

生词

天气	tiānqì	【명】	날씨
样	yàng	【명】	모양, 모습
会	huì	【조】	~할 가능성이 있다
下雪	xiàxuě	【동】	눈이 오다
气温	qìwēn	【명】	기온
度	dù	【양】	도. 온도를 세는 양사
零下	língxià	【명】	영하
左右	zuǒyòu	【명】	가량, 안팎
冷	lěng	【형】	춥다
穿	chuān	【동】	(옷을) 입다, 뚫다
小心	xiǎoxīn	【동】	조심하다
别	bié	【부】	~하지 마라
感冒	gǎnmào	【명】	감기 【동】 감기 걸리다
热	rè	【형】	덥다
闷	mēn	【형】	(기압이 높거나 공기가 통하지 않아) 답답하다
最近	zuìjìn	【명】	최근
越来越	yuèláiyuè	【부】	점점 더
夏天	xiàtiān	【명】	여름
比	bǐ	【동】	비교하다
		【개】	~와 비교하여
凉快	liángkuai	【형】	시원하다

说明

1. 계절과 날씨 표현

春天 chūntiān	봄	夏天 xiàtiān	여름
秋天 qiūtiān	가을	冬天 dōngtiān	겨울

暖和 nuǎnhuo	따뜻하다	热 rè	덥다
凉快 liángkuài	시원하다	冷 lěng	춥다

下雨 xiàyǔ	비가 오다	打雷 dǎléi	천둥이 치다
刮风 guāfēng	바람이 불다	下雪 xiàxuě	눈이 오다

2. 怎么样

: '怎么样(zěnmeyàng)'은 '어떤가', '어떠한가'의 의미로 일반적으로 '대상 + 怎么样?'의 형식으로 '대상이 어떤가?'의 의미를 갖는다.

今天天气怎么样?
Jīntiān tiānqì zěnmeyàng?
오늘 날씨가 어떠니?

这件衣服怎么样?
Zhè jiàn yīfu zěnmeyàng?
이 옷은 어떠니?

你最近怎么样?
Nǐ zuìjìn zěnmeyàng?
너는 요즘 어떠니?

3. 会

: 会는 동사 앞에 쓰여 동작이 발생할 가능성이 있음을 나타낸다.

'不会'는 '~할 가능성이 없다'의 의미를 갖는다.

今天会下雪。 Jīntiān huì xiàxuě.	오늘은 눈이 올 것이다.
今天会下雨。 Jīntiān huì xiàyǔ.	오늘은 비가 올 것이다.
明天会很热。 Míngtiān huì hěn rè.	내일은 아주 더울 것이다.
他不会去学校。 Tā búhuì qù xuéxiào.	그는 학교에 가지 않을 것이다.

4. 吧

: 吧는 청유 이외에 추측의 의미도 있다.

不会很冷。 Búhuì hěn lěng.	아주 춥지 않을 것이다.
不会很冷吧? Búhuì hěn lěng ba?	아주 춥지 않겠죠?
你是韩国人吧? Nǐ shì Hánguórén ba?	당신은 한국 사람이시죠?

5. 越来越

: '越来越 + 형용사'는 '점점 더 ~하다'는 의미로 쓰인다.

越来越热。 Yuèláiyuè rè.	점점 더워진다.
中国的人口越来越多。 Zhōngguó de rénkǒu yuèláiyuè duō.	중국의 인구가 점점 많아진다.
你的汉语越来越好。 Nǐ de Hànyǔ yuèláiyuè hǎo.	너의 중국어 실력이 점점 좋아진다.

6. 比

: 比는 '비교하다'는 동사이며, 개사로 쓰일 때는 'A 比 B + 형용사'의 형식을 취하여 'A는 B보다 ~하다'의 의미를 갖는다.

首尔比北京凉快。 Shǒu'ěr bǐ Běijīng liángkuài.	서울은 북경보다 선선하다.
今天比昨天热。 Jīntiān bǐ zuótiān rè.	오늘이 어제보다 덥다.
我比你大。 Wǒ bǐ nǐ dà.	내가 너보다 나이가 많다.
你的汉语比他好。 Nǐ de Hànyǔ bǐ tā hǎo.	네가 그에 비해 중국어를 잘한다.

练习

1. 치환 연습

韩国的天气怎么样?	春天	暖和
	夏	热
	秋	凉快
	冬	冷

2. 会와 아래 제시한 단어를 사용하여 문장을 완성하시오.

今天的天气怎么样?	
	卜雨
	下雪
	打雷
	刮风

3. 比와 다음 제시된 단어를 사용하여 문장을 완성하시오.

首尔	北京	凉快
昨天	今天	热
中国	美国	大
我	你	高

4. 다음 제시된 한어병음을 읽고 한자로 쓰시오.

a) Huì xiàxuě.

b) Nǐ duō chuān yīfu, xiǎoxīn bié gǎnmào.

c) Běijīng de xiàtiān yě hěn rè ma?

d) Qìwēn duōshao dù?

5. 다음 표현을 한어병음으로 쓰시오.

a) 오늘 날씨는 어떤가요?

b) 오늘은 덥지 않겠죠?

c) 요즘 한국이 점점 추워집니다.

d) 한국의 날씨가 중국보다 좋습니다.

한자 쓰기

雪 xuě					
气 qì					
温 wēn					
度 dù					
零 líng					
冷 lěng					
穿 chuān					
别 bié					
感 gǎn					
冒 mào					

热 rè					
闷 mēn					
最 zuì					
近 jìn					
越 yuè					
夏 xià					
秋 qiū					
冬 dōng					
暖 nuǎn					
凉 liáng					

쉬어 가기

중국인이 좋아하는 동물

중국인들이 어떤 동물을 좋아하는지 살펴보면 재미있다. 우리나라와 마찬가지로 용, 호랑이, 돼지, 까치 등은 길(吉)한 동물로 여긴다. 까치는 중국어로 喜鹊(xǐquè)라고 하는데 한자 자체에는 '기쁨을 알려 주는 새'라는 뜻이 있다. 또한 까치 두 마리는 双喜(shuāngxǐ)라고 하는데 중국인들의 결혼식에서 흔히 볼 수 있는 囍이 바로 이 글자의 도안이다. 중국어에서 자주 쓰는 '双喜临门(shuāngxǐlínmén)'이라는 말은 '이중의 경사가 찾아오다'라는 의미로 '좋은 일이 겹친다'는 표현이다.

그 외에 박쥐, 금붕어, 양, 소 같은 동물도 길한 동물이다. 박쥐는 중국어로 蝙蝠(biānfú)인데, 蝠(fú)자가 福(fú)자와 발음이 비슷해서 길한 의미를 띄고 있다. 금붕어도 복을 나타내는 동물로 그림속에 자주 등장한다. 금붕어는 중국어로 金魚(jīnyú)인데 '금과 옥'이라는 金玉(jīnyù)와 발음이 비슷하여 '집안에 황금과 옥이 가득하기를 기원한다(金玉滿堂: jīnyùmǎntáng)'는 의미를 담고 있다. 한편 서북 지방 사람들은 양을 길하다 여기며, 남쪽 지방 사람들은 소를 길한 동물로 생각한다. 또한 상상 속의 동물인 용과 봉황은 각각 용감하고 씩씩한 사나이와 아름다운 여인을 상징하여 오늘날까지 신랑, 신부를 대표하는 신성한 동물로 여겨지고 있다.

이제 중국에 여행갈 때 가지고 갈 악세사리나 중국인에게 줄 선물을 고를 때 중국인이 선호하는 동물을 참고로 하면 좋을 것 같다.

第十课

你吃饭了吗?

Nǐ chīfàn le ma?

课文

1.

金智诚： 你吃饭了吗?
Nǐ chīfàn le ma?

李英姬： 还没吃呢。
Hái méi chī ne.

金智诚： 我们一起去吃吧!
Wǒmen yìqǐ qù chī ba!

李英姬： 你想吃什么?
Nǐ xiǎng chī shénme?

金智诚： 我想吃汉堡, 你呢?
Wǒ xiǎng chī hànbǎo, nǐ ne?

李英姬： 我没问题。
Wǒ méi wèntí.

2.

服务员： 欢迎光临! 你需要什么?
Huānyíng guānglín! Nǐ xūyào shénme?

金智诚： 要两个汉堡和两杯可乐。
Yào liǎng ge hànbǎo hé liǎng bēi kělè.

服务员： 可乐是大杯还是小杯?
Kělè shì dà bēi háishì xiǎo bēi?

金智诚： 一杯小的, 一杯大的。
Yì bēi xiǎo de, yì bēi dà de.

服务员： 一共五十八。
Yígòng wǔshíbā.

金智诚： 来, 给你100。
Lái, gěi nǐ yìbǎi.

生词

了	le	【조】	동사 뒤에 쓰여 행위의 변화, 완성을 나타냄
一起	yìqǐ	【부】	함께
吧	ba	【조】	문장 뒤에 쓰여 청유의 의미를 갖는다
汉堡	hànbǎo	【명】	햄버거
问题	wèntí	【명】	문제
需要	xūyào	【동】	필요하다
要	yào	【동】	원하다
杯	bēi	【양】	잔
可乐	kělè	【명】	콜라
还是	háishì	【접】	또는, 아니면
一共	yígòng	【부】	모두, 전부
来	lái	【동】	오다, (어떤 동작이나 행동을) 하다
给	gěi	【동】	주다
欢迎光临	huānyíng guānglín		환영합니다

说明

1. 了

: 了는 동사 뒤에 사용하여 동작의 변화와 완성을 나타낸다.

吃饭	chīfàn	밥을 먹다
吃饭了	chīfàn le	밥을 먹었다
回家	huíjiā	집에 돌아가다
回家了	huíjiā le	집에 돌아갔다

2. 想

: 想은 '생각하다, 그리워하다'라는 의미로 쓰인다.

我想你是韩国人。 Wǒ xiǎng nǐ shì Hánguórén.	나는 당신이 한국 사람이라 생각한다.
他想妈妈。 Tā xiǎng māma.	그는 엄마를 그리워한다.

: 想의 뒤에 동사가 오면 동사의 행위를 하고 싶다는 의미로 쓰인다.

我想吃汉堡。 Wǒ xiǎng chī hànbǎo.	나는 햄버거를 먹고 싶다.
我想回家。 Wǒ xiǎng huíjiā.	나는 집에 가고 싶다.

3. 선택 의문문 还是

: 还是로 선택 의문문을 만들며, '是 A 还是 B'의 형식으로 쓰여 'A인가 아니면 B인가'의 의미를 갖는다. 간혹 앞의 是를 생략하기도 한다.

可乐是大杯还是小杯?
Kělè shì dà bēi háishì xiǎo bēi?

콜라는 큰 컵인가요, 작은 컵인가요?

你是韩国人还是中国人?
Nǐ shì Hánguórén háishì Zhōngguórén?

당신은 한국 사람인가요, 중국 사람인가요?

你学的是汉语还是韩语?
Nǐ xué de shì Hànyǔ háishì Hányǔ?

당신은 중국어를 배우나요, 한국어를 배우나요?

练习

1. 치환 연습

你想<u>做什么</u>?

吃汉堡
喝可乐
学汉语
回家
去中国

2. 다음 제시한 문장을 선택 의문문으로 바꾸시오.

可乐是<u>大杯</u>吗?	可乐是大杯还是小杯?
可乐是<u>小杯</u>吗?	
你是<u>韩国人</u>吗?	
你是<u>中国人</u>吗?	
你是<u>老师</u>吗?	
你是<u>学生</u>吗?	

你准备<u>今天</u>的考试吗?	
你准备<u>明天</u>的考试吗?	
你想吃<u>饭</u>吗?	
你想吃<u>汉堡</u>吗?	

3. 다음에 제시한 단어를 사용하여 완전한 문장을 만드시오

你/了/吃/吗/饭 →

是/可乐/大杯/小杯/还是 →

五十八/一共 →

汉语/我/中国/去/学/想 →

4. 다음 제시한 한어병음을 읽고 한자로 써보시오.

a) Wǒmen yìqǐ qù chī ba!

b) Wǒ xiǎng chī hànbǎo

c) Nǐ xūyào shénme?

d) Yào liǎng ge hànbǎo hé liǎng bēi kělè.

5. 다음 제시한 표현을 한어병음으로 쓰시오.

a) 너는 집에 갔니?

b) 우리 콜라 마시자.

c) 나 집에 가서 밥 먹고 싶어.

d) 당신은 콜라를 드시겠어요, 커피를 드시겠어요?

한자 쓰기

起 qǐ					
想 xiǎng					
麦 mài					
当 dāng					
劳 láo					
问 wèn					
题 tí					
欢 huān					
迎 yíng					
光 guāng					

临 lín					
需 xū					
汉 hàn					
堡 bǎo					
乐 lè					
杯 bēi					

쉬어 가기

중국의 음식

중국 속담에 '天上飞的，除了飞机不吃；地上跑的，除了汽车不吃；水里走的，除了船不吃.'라는 말이 있다. '하늘을 나는 것은 비행기를 제외하고, 땅을 달리는 것은 자동차를 제외하고, 물에서 헤엄치는 것은 배를 제외하고 다 먹는다'는 뜻이다. 이렇듯 중국 요리는 종류가 다양하며 맛과 모양과 조리법 또한 많다. 중국인의 아침은 대체적으로 간단하게 먹는다. 채소와 고기 속이 들어 있는 찐만두 '包子(bāozi)'나 속이 없는 찐빵 '馒头(mántou)', 꽈배기 모양의 밀가루로 만든 튀김 '油条(yóutiáo)'에 우리나라 두유와 비슷한 '豆浆(dòujiāng)' 등을 먹는다. 또한 우리나라의 물만두와 유사하지만 만두피가 조금 두꺼운 '饺子(jiǎozi)'와 볶음면인 '炒面(chǎomiàn)' 등을 먹는다.

중국의 유명한 요리로는 베이징(北京), 상하이(上海), 쓰촨(四川), 광둥(廣東) 요리가 있다. 베이징 요리는 징차이(京菜)라고도 하며 통째로 구운 오리를 얇은 밀가루 진병에 싸서 먹는 '北京烤鸭(Běijīngkǎoyā)'와 양고기 샤부샤부인 '涮羊肉(shuànyángròu)' 등이 있다. 상하이 요리는 '南京' 요리라고도 하며 宋나라 蘇軾이 만들었다는 '東坡肉(dōngpōròu)'이 대표적이다. 쓰촨 요리는 고추, 후추 등을 사용하여 요리가 대체적으로 매운 것이 특징이다. 대표적인 요리로는 마파두부, 닭을 작게 썰고 마른 고추와 땅콩 등을 볶아 매콤하게 만든 '宫保鸡丁(gōngbǎojīdīng)', 채소와 육류를 데쳐 먹는 쓰촨식 샤부샤부 '火锅(huǒguō)' 등이 있다. 광동 지역은 육류와 해산물이 풍부하여 다른 지역에 비해 다양한 요리가 있어 세계적으로 가장 많이 알려져 있다. 대표적인 요리로는 '古老肉(gǔlǎoròu)', '點心(딤섬)' 등이 있다.

第十一课

在医院

Zài yīyuàn

课文

1.

金智诚： 喂! 我是智诚,
Wéi! Wǒ shì Zhìchéng,

你怎么没来上课?
nǐ zěnme méi lái shàngkè?

李英姬： 我身体有点儿不舒服。
Wǒ shēntǐ yǒudiǎnr bù shūfu.

金智诚： 你哪儿不舒服?
Nǐ nǎr bù shūfu?

李英姬： 发烧, 有点儿咳嗽。
Fāshāo, yǒudiǎnr késou.

金智诚： 你去医院看病了吗?
Nǐ qù yīyuàn kànbìng le ma?

李英姬： 还没呢。
Hái méi ne.

金智诚： 我陪你去医院。
Wǒ péi nǐ qù yīyuàn.

李英姬： 麻烦你了。
Máfan nǐ le.

2.

医　生： 你哪儿不舒服?
Nǐ nǎr bù shūfu?

李英姬： 头疼, 还有点儿发烧。
Tóuténg, hái yǒudiǎnr fāshāo.

医　生： 好, 我来看看吧!
Hǎo, wǒ lái kànkan ba!

我看来不太严重,
Wǒ kànlái bútài yánzhòng,

多喝水, 多休息吧!
duō hē shuǐ, duō xiūxi ba!

李英姬： 不用打针吗?
Búyòng dǎ zhēn ma?

医 生： 不用。
Bú yòng.

李英姬： 谢谢您。
Xièxie nín.

生词

没	méi	【부】 주의 과거, ~아니다, ~없다
舒服	shūfu	【형】 편안하다
发烧	fāshāo	【동】 열이 나다
咳嗽	késou	【동】 기침하다
医院	yīyuàn	【명】 병원
看病	kànbìng	【동】 진찰하다, 진료하다
陪	péi	【동】 모시다, 동반하다
麻烦	máfan	【형】 귀찮다, 성가시다
头疼	tóuténg	【동】 머리 아프다
看来	kànlái	【동】 보아하니
严重	yánzhòng	【형】 위급하다, 심각하다
给	gěi	【개】 ~에게
喝	hē	【동】 마시다
水	shuǐ	【명】 물
休息	xiūxi	【동】 쉬다
打针	dǎ zhēn	【동】 주사 맞다, 주사 놓다

说明

1. 没

: 没는 不의 과거형이다.

最近他不来上课。 **Zuìjìn tā bùlái shàngkè.**	최근에 그는 수업에 오지 않는다.
昨天他没来上课。 **Zuótiān tā méilái shàngkè.**	어제 그는 수업에 오지 않았다.
今天我不去学校。 **Jīntiān wō búqù xuéxiào.**	오늘 나는 학교 가지 않는다
昨天我没去学校。 **Zuótiān wŏ méiqù xuéxiào.**	어제 그는 학교에 가지 않았다.

2. 有点儿

: '有一点儿+ 동사/형용사' 형식에서 有一点儿은 부사어로 쓰여 정도가 경미함을 나타낸다. 이때 '一'이 생략되어 有点儿의 형태로 쓰인다.

有点儿不舒服 yǒudiǎnr bù shūfu	조금 불편하다
有点儿发烧 yǒudiǎnr fāshāo	약간 열이 난다
有点儿累 yǒudiǎnr lèi	조금 피곤하다
有点儿头疼 yǒudiǎr tóuténg	머리가 조금 아프다

3. 多

: 多는 형용사로 '많다'는 뜻이지만, '多+동사'의 형태로 쓰이면 '많이 ~하다'의 의미를 갖는다

多喝水 duō hēshuǐ	물을 많이 마시다
多休息 duō xiūxi	휴식을 많이 갖다
多吃 duō chī	많이 먹다
多注意安全 duō zhùyì'ānquán	안전에 주의하다

: 이와 유사하게 '少+동사'의 형태로 쓰이면 '적게 ~하다'의 의미를 갖는다.

少喝酒吧 shǎo hējiǔ ba	술 적게 드세요
少吃吧 shǎo chī ba	적게 드세요

4. 太

: 太는 '지나치다'는 뜻으로 '太+형용사'의 형태로 쓰여 '너무 ~하다'는 의미를 갖는다. 이때, 문장 뒤에 了를 써서 정도가 지나치다는 어기(語氣)를 띤다

太高了	tài gāo le	너무 높다
太多了	tài duō le	너무 많다
太长了	tài cháng le	너무 길다

: 하지만 '太好了' 지나치다는 표현보다는 '매우 좋다'는 의미를 갖는다. 한편, 太 앞에 不가 붙어 '不太+형용사'의 형식이면 '그다지 ~하지 않는다'는 뜻으로 쓰인다.

不太严重	bú tài yánzhòng	그다지 심하지 않다
不太远	bú tài yuǎn	그다지 멀지 않다
不太好	bú tài hǎo	그다지 좋지 않다

练习

1. 다음의 예와 같이 제시한 표현을 고치시오

[예] 不来上课 → **没来上课**

不看电影 →　　　　不吃饭 →

不坐地铁 →　　　　不去中国 →

2. 다음 제시한 문장을 有点儿을 써서 고치시오

a) 머리가 조금 아프다 (头疼)　　**有点儿头疼**

b) 조금 피곤하다 (累 lèi)

c) 조금 무겁다 (重 zhòng)

d) 조금 많다 (多 duō)

e) 조금 어렵다 (难 nán)

3. 다음 제시한 단어를 사용하여 완전한 문장을 만드시오

严重/不/我/看来/太 →

打/不/吗/用/针 →

有点儿/今天/累/我 →

病/还没/去/医院/看/我 →

4. 다음 제시한 한어병음을 읽고 한자로 쓰시오

a) Nǐ nǎr bù shūfu?

b) Fāshāo, yǒudiǎnr késou.

c) Wǒ péi nǐ qù yīyuàn.

d) Búyòng dǎ zhēn ma?

5. 다음 제시한 표현을 한어병음으로 쓰시오.

a) 제가 몸이 조금 불편합니다.

b) 병원에 가서 진료 받았니?

c) 물 많이 드시고 푹 쉬세요.

d) 오늘 병원에 갈 필요는 없어요.

한자 쓰기

舒 shū					
服 fú					
发 fā					
烧 shāo					
咳 ké					
嗽 sòu					
病 bìng					
陪 péi					
麻 má					
烦 fán					

头 tóu					
疼 téng					
严 yán					
重 zhòng					
休 xiū					
息 xī					
针 zhēn					

쉬어 가기

중국의 명절

1) 春節 (Chūnjié)

음력 1월 1일인 춘절은 중국의 최대 명절이며, 한편 양력 1월 1일은 元旦(yuándàn)이라고 부른다. 우리와 마찬가지로 춘절에는 흩어져 사는 가족들이 한자리에 모여 친목을 나누고 성묘를 하는 등의 행사를 한다. 또한 집집마다 春聯(chūnlián)이나 年畵(niánhuà) 등을 붙이며 대문에 '福'자를 거꾸로 붙이기도 한다. 이는 중국어의 거꾸로 '倒(dào)'의 발음과 '도달하다'의 '到(dào)'의 발음이 같아 복이 오기를 기원한다는 의미에서 유래되었다.

2) 元宵節 (Yuánxiāojié)

위엔샤오제는 음력 1월 15일로 우리나라의 정월대보름에 해당하며 전국적으로 다양한 등불 행사가 펼쳐진다. 위엔샤오제에는 '위엔샤오(元宵)'를 먹는데, 이것은 팥이나 설탕 등을 넣고 찹쌀로 동그랗게 빚은 것으로 탕위엔(湯圓)이라고도 한다.

3) 端午節 (Duānwǔjié)

음력 5월 5일이다. 이때는 찹쌀에 돼지고기와 대추 등을 넣고 대나무 잎으로 감싸서 찐 粽子(zòngzi)라는 음식을 먹고, 龍船(lóngchuán) 경기를 한다. 이는 춘추전국시대 초나라의 시인 굴원(屈原)을 기념하는 행사에서 유래되었고 약 2000년의 역사를 지니고 있는 풍습이다. 애국 시인 굴원은 초나라 왕을 위해 간언을 했지만 모함을 받고 쫓겨나 멱나강(汨羅江)에 빠져 죽었다. 초나라 사람들은 물고기들이 그의 시신을 훼손하지 않도록 대나무 통에 찹쌀을 넣어 던졌고, 그를 찾기 위해 배를 몰았던 것이 지금 粽子와 龍船 경기의 기원이다.

4) 仲秋節 (Zhōngqiūjié)

음력 8월 15일로 우리의 추석에 해당한다. 달의 신에게 제사를 지냈던 풍습에서 비롯되어 달을 상징하는 月餠(yuèbǐng)을 먹고 달맞이 등을 진행한다. 흩어졌던 가족들이 한자리에 모인다는 의미에서 团圆节(Tuányuánjié)라고도 한다.

第十二课

打电话

Dǎ diànhuà

课文

1.

金智诚 : 喂, 是英姬吗?
Wéi, shì Yīngjī ma?

李英姬 : 是。您是哪位?
Shì. Nín shì nă wèi?

金智诚 : 我是智诚。
Wŏ shì Zhìchéng.

李英姬 : 是你啊!
Shì nĭ a!

你找我有什么事?
Nĭ zhăo wŏ yŏu shénme shì?

金智诚 : 明天我们一起看足球比赛,
Míngtiān wŏmen yìqĭ kàn zúqiú bĭsài,

好不好?
hăo bù hăo?

李英姬 : 明天有什么比赛?
Míngtiān yŏu shénme bĭsài?

金智诚： 明天晚上八点有韩国队和中国队的足球比赛。

Míngtiān wǎnshang bādiǎn yǒu Hánguóduì hé Zhōngguóduì de zúqiú bǐsài.

李英姬： 是吗? 我要去看。

Shì ma? Wǒ yào qù kàn.

2.

李英姬 : 喂! 智诚, 我是英姬。
Wéi! Zhìchéng, wǒ shì Yīngjī.

你收到了我的短信吗?
Nǐ shōudào le wǒ de duǎnxìn ma?

金智诚 : 是你啊! 我收到了。
Shì nǐ a! wǒ shōudào le.

李英姬 : 那你为什么没有回信?
Nà nǐ wèishénme méiyǒu huíxìn?

金智诚 : 对不起, 我现在很忙,
Duìbuqǐ, wǒ xiànzài hěn máng,

没有时间回信。
méiyǒu shíjiān huíxìn.

李英姬 : 那你什么时候有时间?
Nà nǐ shénme shíhou yǒu shíjiān?

金智诚 : 4点以后。
Sì diǎn yǐhòu.

李英姬： 那4点以后，你给我打电话，
Nà sì diǎn yǐhòu, nǐ gěi wǒ dǎ diànhuà,

好吗？
hǎo ma?

金智诚： 好。
Hǎo.

生词

喂	wéi	【감】 (전화상에서) 여보세요
位	wèi	【양】 분
找	zhǎo	【동】 찾다
队	duì	【명】 팀
要	yào	【조】 ~하려 한다
		【동】 ~을 원한다
收到	shōudào	【동】 받다
短信	duǎnxìn	【명】 문자
看到	kàndào	【동】 보다, 보이다
回信	huíxìn	【명】 답장
时候	shíhou	【명】 때
时间	shíjiān	【명】 시간
打	dǎ	【동】 하다
电话	diànhuà	【명】 전화

说明

1. 전화 표현

您是李英姬吗? Nín shì Lǐ yīng jī ma?	당신은 李英姬 인가요?
您是哪位? Nín shì nǎ wèi?	당신은 누구세요?
李英姬在吗? Lǐ yīng jī zài ma?	李英姬씨 있나요?
我就是。 Wǒ jiùshì.	제가 바로 그 사람입니다.
他不在。 Tā búzài.	그는 자리에 없습니다.
您找哪位? Nín zhǎo nǎ wèi?	누구를 찾으시나요?
您打错了。 Nín dǎ cuò le.	전화 잘못 걸었습니다.

2. 동사 + 到

: 到는 '도착하다', '도달하다'는 뜻 이외에 보어로 쓰이는 경우가 있다. 일반적으로 동사 뒤에 쓰여 동작이 목적에 도달했거나 결과가 있음을 나타낸다. 부정형은 동사 앞에 沒을 사용하고 到 뒤에 了는 생략한다.

你收到了我的短信吗?
Nǐ shōudào le wǒ de duǎnxìn ma?
너 내 문자 받았니?

我听到了你的声音。
Wǒ tīngdào le nǐ de shēngyīn.
네 목소리를 들었다.

我看到了你的照片。
Wǒ kàndào le nǐ de zhàopiàn.
네 사진을 봤다.

我沒看到你的照片。
Wǒ méikàndào nǐ de zhàopiàn.
네 사진을 보지 못했다.

3. 时候

: 时候는 '때' 라는 의미이며, 일반적으로 '~的时候'로 쓰여 '~할 때'의 의미를 갖는다.

回家的时候 huíjiā de shíhou	집으로 돌아갈 때
上课的时候 shàngkè de shíhou	수업할 때
吃饭的时候 chīfàn de shíhou	밥 먹을 때

: '什么时候'는 '언제'의 의미이며, 일반적으로 '什么时候+동사'로 쓰여 '언제 ~을 하니?'라는 의미를 갖는다.

什么时候有时间?
shénme shíhou yǒushíjiān?

언제 시간이 있니?

什么时候回家?
shénme shíhou huíjiā?

언제 집에 가니?

什么时候看比赛?
shénme shíhou kàn bǐsài?

언제 시합을 보니?

练习

1. 다음 전화 상황을 중국어로 말하시오.

A：여보세요

B：여보세요

A：혹시 왕선생님인가요?

B：그분은 지금 자리에 안계십니다.

A：언제 돌아오시나요?

B：3시 이후에 오십니다.

A：그럼 제가 3시 이후에 다시 전화 드리겠습니다.

B：네 알겠습니다.

A：감사합니다.

2. 치환 연습

你什么时候<u>有时间</u>?

起床 (qǐchuáng)
吃饭
去上课
做运动
回家
睡觉 (shuìjiào)

3. 다음의 문장을 부정문으로 바꾸시오

我收到了你的短信。

我听到了你的声音。

他看到了你的弟弟。

他找到了他的手机。

4. 다음 제시한 한어병음을 읽고 한자로 써 보시오

a) Nǐ xiǎng kàn shénme bǐsài?

b) Nǐ shōudào le wǒ de duǎnxìn ma?

c) Nà nǐ wèishénme méiyǒu huíxìn?

d) Méiyǒu shíjiān huíxìn.

5. 다음 제시한 표현을 한어병음으로 쓰시오.

a) 무슨 일로 저를 찾으시나요?

b) 우리 함께 축구 시합 보러 가는 게 어떠니?

c) 나는 너의 문자를 받지 못했다.

d) 너는 언제 시간이 있니?

한자 쓰기

喂 wéi					
找 zhǎo					
足 zú					
球 qiú					
比 bǐ					
赛 sài					
队 duì					
要 yào					
收 shōu					
短 duǎn					

信 xìn					
回 huí					
时 shí					
候 hòu					
间 jiān					

쉬어 가기

중한 역사 연도 비교표

<table>
<tr><th colspan="3">중국 왕조</th><th>시기</th><th>한국 왕조</th></tr>
<tr><td colspan="3">하 夏</td><td>BC 21세기 ~ BC 16세기</td><td></td></tr>
<tr><td colspan="3">상 商</td><td>BC 16세기 ~ BC 11세기</td><td></td></tr>
<tr><td rowspan="3">주 周</td><td colspan="2">서주 西周</td><td>BC 11세기 ~ BC 7세기</td><td></td></tr>
<tr><td rowspan="2">동주 東周</td><td>춘추 春秋</td><td>BC 7세기 ~ BC 4세기</td><td></td></tr>
<tr><td>전국 戰國</td><td>BC 4세기 ~ BC 2세기</td><td></td></tr>
<tr><td colspan="3">진 秦</td><td>BC 221 ~ BC 206</td><td></td></tr>
<tr><td colspan="3">한 漢 (西漢, 東漢)</td><td>BC 206 ~ 220</td><td>古朝鮮(BC 1세기 이전)</td></tr>
<tr><td colspan="3">삼국 三國 (魏, 蜀, 吳)</td><td>220 ~ 264</td><td>高句麗(BC 1세기~668)</td></tr>
<tr><td colspan="3">위진남북조 魏晉南北朝</td><td>264 ~ 589</td><td rowspan="4">百濟(BC 1세기~660)
新羅(BC 1세기~935)</td></tr>
<tr><td colspan="3">수 隋</td><td>581 ~ 618</td></tr>
<tr><td colspan="3">당 唐</td><td>618 ~ 907</td></tr>
<tr><td colspan="3">오대십국 五代十國</td><td>907 ~ 960</td></tr>
<tr><td colspan="3">송 宋 (北宋, 南宋)</td><td>960 ~ 1279</td><td rowspan="3">高麗(918～1392)</td></tr>
<tr><td colspan="3">원 元</td><td>1271 ~ 1368</td></tr>
<tr><td colspan="3">명 明</td><td>1368 ~ 1644</td></tr>
<tr><td colspan="3">청 淸</td><td>1644 ~ 1911</td><td>朝鮮(1392～1910)</td></tr>
<tr><td colspan="3">중화민국 中華民國</td><td>1911 ~ 1949</td><td>일본강점기(1910~1945)</td></tr>
<tr><td colspan="3">중화인민공화국 中華人民共和國</td><td>1949 ~ 현재</td><td>대한민국(1948)</td></tr>
</table>

본문 번역

제1과 안녕

1.

왕 선생님 : 안녕.

김지성 : 선생님, 안녕하세요.

왕 선생님 : 잘 가.

김지성 : 내일 봐요.

2.

김지성 : 영희야. 너 건강은 어떠니?

이영희 : 나는 좋아. 너는?

김지성 : 나도 좋아. 고마워.

이영희 : 천만에.

제2과 당신은 중국인입니까?

1.

왕 선생님 : 넌 중국인이니?

이영희 : 저는 중국인이 아닙니다. 한국인입니다.

왕 선생님 : 우리 아버지도 한국인이야.

이영희 : 그래요?

2.

왕 선생님 : 당신은 어느 나라 사람입니까?

피터 : 저는 미국 사람입니다.

왕 선생님 : 당신은 대학생입니까?

피터 : 아니오. 저 대학교수입니다.

제3과 넌 올해 몇 살이니?

1.

일 이 삼 사 오 육 칠 팔 구 십

십일　　이십삼　　사십오

백육　　백십육　　백육십오

2.

김지성 : 넌 올해 몇 살이니?

이영희 : 난 올해 스물한 살이야.

김지성 : 너희 집 식구는 몇 명이야?

이영희 : 다섯 식구야.

김지성 : 형제자매가 몇이니?

이영희 : 난 오빠 한 명, 남동생 한 명 있어.

제4과 몇 시입니까?

1.

이영희 : 지금 몇 시야?

김지성 : 두 시 반이야.

이영희 : 넌 몇 시에 수업하니?

김지성 : 세 시.

2.

이영희 : 오늘은 몇 월 며칠이지?

김지성 : 3월 16일이야.

이영희 : 금요일이야?

김지성 : 맞아. 오늘은 금요일이야.

제5과 너 뭐하고 있니?

1.

김지성 : 너 뭐하고 있니?

이영희 : 난 내일 시험 준비하고 있어.

김지성 : 내일 무슨 시험이 있어?

이영희 : 중국어와 영어.

2.

김지성 : 넌 어디에서 중국어 공부하니?

이영희 : 난 학교에서 중국어를 공부해.

김지성 : 중국어 어렵니?

이영희 : 어렵지 않아. 정말 재미있어.

제6과 너 어떤 운동을 좋아해?

1.

왕 선생님 : 너 어떤 운동을 좋아하니?

김지성 : 전 농구를 좋아해요. 선생님 할 줄 아세요?

왕 선생님 : 난 할 줄 몰라. 난 축구하는 거 좋아해.

김지성 : 정말요? 전 단지 축구 경기 보는 것만 좋아해요.

2.

이영희 : 선생님 어디가세요?

왕 선생님 : 난 영화 보러 영화관에 가.

이영희 : 어떤 영화를 보세요?

왕 선생님 : 한국영화 보려고.

제7과 이 옷은 얼마입니까?

1.

이영희 : 이 옷은 얼마에요?

직원 : 200위안입니다.

이영희 : 좀 싸게 해 주세요.

직원 : 좋아요. 180위안에 줄게요.

2.

김지성 : 사과는 어떻게 팔아요?

직원 : 1근에 5위안입니다.

김지성 : 너무 비싸네요. 2근에 8위안, 어때요?

직원 : 네.

제8과 말씀 좀 묻겠습니다. 북경기차역은 어떻게 갑니까?

1.

이영희 : 말씀 좀 묻겠습니다.
북경기차역은 어떻게 갑니까?

행인 : 곧바로 가면 됩니다.

이영희 : 여기에서 먼가요?

행인 : 멀지 않습니다. 걸어서 10분이면 도착해요.

이영희 : 감사합니다.

행인 : 천만에요.

2.

김지성 : 공항을 가고 싶은데,
몇 번 노선버스를 타야하나요?

행인 : 236번 버스를 타세요.

김지성 : 갈아타야 하나요?

행인 : 갈아탈 필요없어요.

김지성 : 몇 정거장을 가나요?

행인 : 다섯 정거장입니다.

제9과 오늘 날씨가 어떠니?

1.

김지성 : 오늘 날씨가 어떠니?

이영희 : 눈이 올 거야.

김지성 : 기온은 몇 도지?

이영희 : 영하 4, 5도 정도.

김지성 : 춥지는 않겠네.

이영희 : 옷 두껍게 입어. 감기 걸리지 않도록 조심해.

2.

이영희 : 오늘은 매우 덥네요.

왕 선생님 : 맞아. 너무 후덥지근해.

이영희 : 요즘 점점 더워져요.

왕 선생님 : 서울의 여름도 매우 덥니?

이영희 : 서울은 베이징보다 선선해요.

왕 선생님 : 그래?

제10과 너 밥 먹었니?

1.

김지성 : 너 밥 먹었니?

이영희 : 아직 안 먹었어.

김지성 : 우리 같이 가서 먹자.

이영희 : 너 뭐 먹고 싶니?

김지성 : 난 햄버거 먹고 싶어. 너는?

이영희 : 괜찮아.

2.

직원 : 어서 오세요. 뭐 드릴까요?

김지성 : 햄버거 두 개와 콜라 두 잔이요.

직원 : 콜라는 큰 컵인가요 작은 컵인가요?

김지성 : 하나는 작은 컵, 하나는 큰 컵이요.

직원 : 다 해서 58위안입니다.

김지성 : 여기 100원 드릴게요.

제11과 병원에서

1.

김지성 : 여보세요! 나 지성이야.
너 어째서 수업에 안왔니?

이영희 : 나 몸이 좀 불편해.

김지성 : 어디가 불편해?

이영희 : 열이 나고 기침을 조금 해.

김지성 : 병원 가서 진찰 받았니?

이영희 : 아직 안 갔어.

김지성 : 내가 너 데리고 병원에 갈게.

이영희 : 번거롭게 했네.

2.

의사 : 어디가 불편하신가요?

이영희 : 머리가 아프고 열도 조금 나요.

의사 : 그래요. 한 번 봅시다.
제가 보기엔 심각하진 않네요.
물을 많이 마시고, 푹 쉬세요.

이영희 : 주사 안 맞아도 되나요?

의사 : 안 맞아도 되요.

이영희 : 감사합니다.

제12과 전화를 걸다

1.

김지성 : 여보세요? 영희니?

이영희 : 네, 누구세요?

김지성 : 나 지성이야.

이영희 : 너구나! 무슨 일로 날 찾았니?

김지성 : 내일 우리 같이 축구경기 보러 가자, 어때?

이영희 : 내일 무슨 경기가 있어?

김지성 : 내일 저녁 8시에 한국팀과 중국팀의 축구 경기가 있어.

이영희 : 그래? 나 보러 갈래.

2.

이영희 : 여보세요! 지성아, 나 영희야.
내 문자 받았어?

김지성 : 너구나. 받았지.

이영희 : 그런데 왜 답장 안 해?

김지성 : 미안해.
내가 지금 바빠서 답장할 시간이 없었어.

이영희 : 그럼 언제 시간이 있니?

김지성 : 4시 이후에.

이영희 : 그럼 4시 이후에 내가 전화할게. 괜찮지?

김지성 : 좋아.

연습문제 해답

第一课

4. 你们 你们 他们 她们 它们

5. Lǎoshī, nín hǎo.
Míngtiān jiàn.
Nǐ shēntǐ hǎo ma?
Wǒ yě hěn hǎo.

第二课

4. 我不是中国人。
   我爸爸也是韩国人。
   我是大学教授。

5. Nǐ shì Měiguórén ma?
   Nín shì nǎ guórén?
   Nín shì lǎoshī ma?
   Búshì. Wǒ shì dàxuéjiàoshòu.

第三课

1. 十四

   四十四

   五十六

   一百零六

   二百一十六

4. 我家有五口人。

   你有几个兄弟姐妹？

   我有一个哥哥和一个弟弟。

5. Nǐ jīnnián duō dà?

   èrshíliù suì.

   Wǒ yǒu yí ge gēge.

   Wǒ méiyǒu dìdi.

第四课

1. 九点
   三点二十五分
   六点三十分 (六点半)
   十一点四十八分

2. 星期一　星期二　星期六　星期天

3. 三月十六号
   五月二十三号
   八月九号
   十二月二十五号

4. 昨天晚上八点三十分
   星期六下午三点十分
   明天上午十点四十分

5. Xiànzài jǐ diǎn?
   Zuótiān shì sì yuè wǔ hào.
   Míngtiān shì jǐ yuè jǐ hào.
   Jīntiān xiàwǔ sān diǎn shàngkè.

第五课

3. 你是不是学生？
妈妈的身体好不好？
明天有没有考试？
考试难不难？

4. 我准备明天的考试。
明天有什么考试？
我在学校学汉语。
汉语难不难？

5. Míngtiān yǒu Hànyǔ kǎoshì ma?
Nǐ zài nǎr xuéxí Hànyǔ?
Ní de bàba xiànzài zài nǎr?
Yīngyǔ hěn yǒuyìsi.

第六课

3. 你喜欢什么运动？
   我不会打篮球。
   我去电影院看电影。
   我看韩国电影。

4. 你会打吗？
   我只喜欢看足球比赛。
   老师去哪儿？
   看什么电影？

5. Nǐ huì tī zúqiú ma?
   Wǒ zhǐ xǐhuān kàn lánqiúbǐsài.
   Jīngtiān qù nǎr kàn diànyǐng?
   Lái Hánguó xué Hányǔ.

第七课

1. 二十块钱
   四十五块钱
   一百块钱
   一百五十块钱

3. 你怎么来学校？
   你怎么准备考试？
   你怎么学足球？

4. 这件衣服多少钱？
   便宜一点儿吧！
   给你一百八。
   太贵了。

5. Zhè jiàn yīfu zěnme mài？
   Guì yìdiǎnr.
   Gěi nǐ liángbǎi.
   Sān ge shí kuài，hǎo bù hǎo.

第八课

3. 三十分钟
四十五分钟
一个小时三十分钟
两个小时四十分钟

4. 一直走就好了。
离这儿远不远？
走十分钟就到了。
我想去机场，要坐几路车呢？

5. Lí zhèr hěn jìn.
Wǒ xiǎng qù jīchǎng, yào zuò jǐlù chē ne?
Yào huànchē ma?
Wǒ qí zìxíngchē qù xuéxiào.

第九课

3. 首尔比北京凉快。
昨天比今天热。
中国比美国大。
我比你高。

4. 会下雪。
你多穿衣服，小心别感冒。
北京的夏天也很热吗？
气温多少度？

5. Jīntiān tiānqì zěnmeyàng?
Jīntiān búhùi hěn rè ba?
Zuìjìn Hánguó yuèláiyuè lěng.
Hánguó de tiānqì bǐ Zhōngguó hǎo.

第十课

2. 你是韩国人还是中国人？
你是老师还是学生？
你准备今天的考试还是明天的考试？
你想吃饭还是汉堡？

2. 你吃饭了吗？
可乐是大杯还是小杯？
一共五十八。
我想去中国学汉语。

4. 我们一起去吃吧！
我想吃汉堡。
你需要什么？
要两个汉堡和两杯可乐。

5. Nǐ húijiā le ma?
Wǒmen he kělè ba !
Wǒ xiǎng huíjiā chīfàn.
Nǐ hē kělè háishì kāfēi.

第十一课

1. 没看电影　没吃饭　没坐地铁　没去中国

2. 有点儿累　有点儿重　有点儿多　有点儿难

3. 我看来不太严重。
   不用打针吗？
   今天我有点儿累。
   我还没去医院看病。

4. 你哪儿不舒服？
   发烧，有一点儿咳嗽。
   我陪你去医院。
   不用打针吗？

5. Wǒ Shēntǐ yǒudiǎnr bù shūfu.
   Nǐ qù yīyuàn kànbìng le ma?
   Duō hē shuǐ, duō xīuxi ba.
   Jīntiān búyòng qù yīyuàn.

第十二课

1. A：喂。
   B：喂。
   A：是王老师吗？
   B：他现在不在。
   A：他什么时候回来？
   B：三点以后。
   A：那三点以后我再给他打电话。
   B：好的。
   A：谢谢。

3. 我没收到你的短信。
   我没听到你的声音。
   他没看到你的弟弟。
   他没找到他的手机。

4. 你想看什么比赛？
   你收到了我的短信吗？
   那你为什么没有回信？
   没有时间回信。

5. Nǐ zhǎo wǒ yǒu shénme shì?

Wǒmen yìqǐ kàn zúqiú bǐsài, hǎo bù hǎo.

Wǒ méi shōudào nǐ de duǎnxìn.

Nǐ shénme shíhou yǒu shíjiān?

단어 색인

집필진(가나다 순)

고광민 한양대학교 중문과 부교수
백지영 한양대학교 중문과 부교수
서원남 한양대학교 중문과 부교수
손예철 한양대학교 중문과 교수
엄익상 한양대학교 중문과 교수
오수경 한양대학교 중문과 교수
이광철 한양대학교 중문과 교수
최형욱 한양대학교 중문과 교수
김기철 한양대학교 중국학과 교수
변성규 한양대학교 중국학과 교수
위행복 한양대학교 중국학과 교수
유희문 한양대학교 중국학과 교수
이경원 한양대학교 중국학과 교수
이인호 한양대학교 중국학과 교수
정석원 한양대학교 중국학과 교수

만만한 중국어 1

한양대학교 중국어교재개발팀 편

펴낸날 2014년 12월 30일 초판 1쇄 · 2022년 8월 30일 초판 5쇄
펴낸이 김우승 · **펴낸곳** 사곰 · **출판등록** 제4-7호(1972.2.29)
주소 서울 성동구 왕십리로 222 · **전화** 02.2220.1432-4 · **팩스** 02.2220.1435
홈페이지 press.hanyang.ac.kr · **이메일** presshy@hanyang.ac.kr
삽화 박병수 · **인쇄** 네오프린텍

음성 자료(MP3)는 한양대학교 출판부 홈페이지(http://press.hanyang.ac.kr) 자료실에서 제공합니다.

사곰은 '새김[刻]'과 '해석[釋]'을 뜻하는 중세 국어 '사곰'을 변형하여
한양대학교출판부가 만든 출판 브랜드입니다.

값 15,000원

ISBN 978.89.7218.461.4 (93720)